福澤諭吉と丸山眞男が紡いだ近代日本

日本人はなぜ「お上《かみ》」に弱いのか

安川寿之輔

高文研

日本人はなぜ「お上」に弱いのか◉目次

戦後民主主義が崩壊した日――「はじめに」にかえて …… 7

I 丸山眞男が戦後民主主義の虚妄をつくり出した?

1 福沢諭吉を戦後民主主義の支柱に据えた丸山眞男 …… 22
＊福沢三大名言を「天啓」ととらえた丸山眞男
＊丸山の解釈①「天は人の上に人を造らず、人の下に人を造らずと云へり。」
＊丸山の解釈②「一身独立して一国独立する」
＊丸山の解釈③「独立自尊」

2 丸山眞男と戦争責任・植民地支配責任問題 …… 39
＊丸山の福沢研究をめぐる三つの疑問
＊学生を戦場に送った丸山助教授
＊「朝鮮を語らないことを通して朝鮮を語った丸山」
＊戦争責任を放置した戦後民主主義
＊丸山眞男の「国民主義的ナショナリズム」とは何か

3　日本人は戦争責任と向き合えるのか——ある教育学者の認罪 …… 60
✴教育学者・五十嵐顕の戦争責任の告白
✴わだつみ学徒兵を介しての「戦争責任論」への覚醒
✴抗命と戦争責任論
✴五十嵐顕の認罪と戦争責任論の深まり
✴「わだつみ世代」学徒兵の戦争責任

4　「良心的兵役拒否者」が極端に少ない日本人 …… 84
✴「訓練された政治的白痴」とは何か
✴「良心的兵役拒否・軍務拒否」の思想と運動

II　戦争責任＝戦後責任論と「日の丸・君が代」強制問題

1　戦争責任の四位相 …… 102
✴支配者の戦争責任・戦後責任——天皇裕仁の責任を中心に
✴日本国民の戦争責任・戦後責任

2　同調圧力装置「日の丸・君が代」……122
＊「教えとは希望を人に語ること／学ぶとは誠を胸に刻むこと」
＊なぜ国旗国歌法は成立したのか――戦後民主主義の限界
＊大学の戦後責任
＊国旗国歌法成立の意味――「潜在的アイヒマン」育成の教育
＊「日の丸・君が代」の強制は「家畜の調教」以下の教育犯罪
＊大勢順応社会の生活の知恵――過剰集団同調
＊良心的不服従のすすめ

Ⅲ　日本人の帝国「臣民」化を生涯かけて追求した福沢諭吉

1　福沢諭吉最大の発見！　愚民支配の道具としての天皇制……167
＊「人民」をやめて「臣民」を使い始めた福沢
＊福沢諭吉の忠君ナショナリズム

2　『学問のすすめ』と『文明論之概略』を正しく読む……177
＊福沢の初期啓蒙――人民の抵抗権・革命権を除外

＊軌道修正の転機①――「一身独立」よりも「自国の独立」を最優先
＊軌道修正の転機②――帝国主義の時代を生き抜くための「報国の大義」

3　福沢はどこで「人権」から「国権」へと軸足を移したのか……197

＊自説を曲げるときの福沢の癖
＊福沢の愚民観
＊軌道修正の転機③――自由民権運動を敵視する
＊天皇制を利用することを思いつく
＊軌道修正の転機④――労働運動・社会主義運動に対する恐怖
＊「最も恐る可きは貧にして智ある者」――富裕層と貧困層を分ける教育構想
＊低賃金・長時間労働・児童労働保護拒否を主張・称揚
＊「富国強兵」ではなく、「強兵富国」を目ざす
＊「人の上に人」「人の下に人」を造る
＊他者を支配するのは「人間最上の愉快」
＊同時代人による「脱亜論」批判
＊植民地獲得は「世界人道の為」――「韓国併呑」も予告

4　日本人に帝国「臣民」意識を植え付ける……240
＊「典型的な市民的自由主義」者の虚構
＊日本人の「従順温良、卑屈、無気力」を賛美
＊「教育勅語」に「感泣」
＊「戦場に斃るるの幸福なるを感ぜしめ……」——福沢の靖国神社構想
＊「圧制の長上に卑屈の軍人」の皇軍構想と帝国「臣民」像
＊福沢が創り上げた皇軍兵士——近藤一の場合
＊日本の近代化の道のり総体の「お師匠様」

あとがき……265

装丁・装画＝小林　真理（スタルカ）

戦後民主主義が崩壊した日——「はじめに」にかえて

二〇一四年七月一日、集団的自衛権行使容認が閣議決定された。『毎日新聞』の記者から依頼された、作家・作詞家のなかにし礼は詩「平和の申し子たちへ！」を書き下ろした（『毎日』二〇一四年七月一〇日付）。

平和の申し子たちへ！

泣きながら抵抗を始めよう

なかにし礼

二〇一四年七月一日火曜日
集団的自衛権が閣議決定された
この日　日本の誇るべき
たった一つの宝物
平和憲法は粉砕された
つまり君たち若者もまた
圧殺されたのである
こんな憲法違反にたいして
最高裁はなんの文句も言わない
かくして君たちの日本は
その長い歴史の中の
どんな時代よりも禍々《まがまが》しい
暗黒時代へともどっていく
そしてまたあの

醜悪と愚劣　残酷と恐怖の
戦争が始まるだろう

ああ　若き友たちよ！
巨大な歯車がひとたびぐらっと
回りはじめたら最後
君もその中に巻き込まれる
いやがおうでも巻き込まれる
しかし君に戦う理由などあるのか
国のため？　大義のため？
そんなもののために
君は銃で人を狙えるのか
君は銃剣で人を刺せるのか
君は人々の上に爆弾を落とせるのか

若き友たちよ！
君は戦場に行ってはならない
なぜなら君は戦争にむいてないからだ
世界史上類例のない

戦後民主主義が崩壊した日──「はじめに」にかえて

六十九年間も平和がつづいた
理想の国に生まれたんだもの
平和しか知らないんだ
平和の申し子なんだ
平和こそが君の故郷であり
生活であり存在理由なんだ
平和ぼけ？　なんとでも言わしておけ
戦争なんか真っ平ごめんだ
人殺しどころか喧嘩《けんか》もしたくない

たとえ国家といえども
俺の人生にかまわないでくれ
俺は臆病なんだ
俺は弱虫なんだ
卑怯者《ひきょうもの》？　そうかもしれない
しかし俺は平和が好きなんだ
それのどこが悪い？
弱くあることも
勇気のいることなんだぜ

そう言って胸をはれば
なにか清々《すがすが》しい風が吹くじゃないか
怖《おそ》れるものはなにもない

愛する平和の申し子たちよ
この世に生まれ出た時
君は命の歓喜の産声をあげた
君の命よりも大切なものはない
生き抜かなければならない
死んではならない
が　殺してもいけない
だから今こそ！
もっとも弱きものとして
産声をあげる赤児のように
泣きながら抵抗を始めよう
泣きながら抵抗をしつづけるのだ
泣くことを一生やめてはならない
平和のために！

この、なかにし礼の詩を手がかりにして、戦後六九年となる二〇一四年時点の日本の時代状況を、まず確認することにしよう。

七月一日の集団的自衛権行使容認の安倍晋三第二次内閣の閣議決定によって、「平和憲法は粉砕された」という認識から見よう。

日本国憲法の前文第一段落の冒頭文「日本国民は、……政府の行為によつて再び戦争の惨禍が起ることのないやうにすることを決意し、ここに主権が国民に存することを宣言し、この憲法を確定する。」は、平和の維持（平和的生存権）と主権在民の原理を同じ一文の中に規定・表現することによって、この憲法が主権者日本国民の「平和と民主主義」を象徴する憲法であることを、端的に表明した。その「平和憲法」が非民主的な閣議決定によって一方的に粉砕されたということは、その「戦後民主主義」の終焉を意味する。つまり七月一日の出来事は、「平和と民主主義」を指導理念とする戦後日本社会の崩壊——最大の負の歴史的変革を意味する。

なお、詩中の「六十九年間も平和がつづいた」というなかにしの認識については、朝鮮戦争中の日本人戦死者の存在やイラク戦争支援から帰還後の自衛隊員二八名の自殺の事実を含めて、戦後の日本は朝鮮戦争やベトナム戦争、アフガニスタン戦争、イラク戦争などに明確に加担している事実から、とうぜん異論があるであろう。

にもかかわらず、私が本書の冒頭になかにしの詩を引用したのは、『赤い月』（新潮社、二〇〇一年）に描かれた「満州国」の牡丹江からの過酷な引き揚げ時の同じ引揚者への自分自身の加害体験の告白を含めて、なかにしの戦争と国家へのきびしく確かな眼への私の日頃からの信頼感があってのことである。


「かくして君たちの日本は……暗黒時代へともど」り、「またあの醜悪と愚劣　残酷と恐怖の　戦争が始まるだろう」。なかにしのこの危惧はなんら杞憂ではなく、多くの同時代人の認識と重なる。

平岡敬・元広島市長は、その事態を「戦後がいつの間にか、新たな戦前になってしまった。」（八月一三日『信濃毎日新聞』）と述べて、日本が「新たな戦前」を迎えたことを表明した。また、作家の半藤一利は、閣議決定の一カ月余前に、「歴史には、あとは一瀉《いっしゃ》千里に突き進むよりほかはない時点があるのかもしれない。いわゆるノー・リターン・ポイント（引き返せぬ地点）である。」と解説したあと、「いつか今を振り返った時、（一三年一二月六日の）特定秘密保護法の強行採決も転機と語られるのかもしれない。まして今回の解釈改憲は……」と語って、今回の解釈改憲こそが日本の「ノー・リターン・ポイント」にあたると、指摘した（五月一九日『毎日新聞』特集ワイド「この国はどこへ行こうとしているのか」）。

つまり、海岸線に原発が何十基もある日本が実際に戦争をすれば、日本列島全体が人の住めない壮大な廃墟と化すことさえ懸念・予想される事態である。安倍内閣はその狂気の戦争国家への道を暴走しており、少なからぬ国民が「再稼働反対！」「原発いらない！」の反原発官邸デモ、金曜デモ、「「さようなら原発」一〇〇〇万署名市民の会」や「戦争をさせない一〇〇〇人委員会」「解釈で憲法九条を壊すな！実行委員会」などの反戦・平和のたたかいを展開しているが、安倍内閣の壊憲・戦争国家への暴走を阻止する力をもち得ていない。

具体的に、焦点の七月一日閣議決定前夜の反戦のたたかいの現場を、太田昌国の目撃情報によって確認しよう。「迫りくる事態の決定的な節目の日」「六月三〇日夜、（一八時過ぎから二三時近くまで）私は首相官邸前に立ち尽くしていた」。太田は「原発事故後の二〇一二年六月某日の同じ現場」での「反原発行動の夜」（最多二〇万）と対比して、参集者が「決定的に少なかった」事実に着目する。太田はさらに、「戦後史が大転換を迎えた」

二二年前、一九九二年の国連平和維持作戦（PKO）法案反対闘争の時の「少なさ」にも論及して、「ペルシャ湾岸への掃海艇派遣（一九九一年）から集団的自衛権容認（二〇一四年）へ」の二〇余年の道のりの日本の歩みを問題にした（『インパクション』一九六号）。

思い起こしてみると、一九六〇年の日米安全保障条約成立阻止のたたかいで、大学院生時代の私自身、（教員や仲間のカンパで）名古屋から阻止行動参加のために二度東京に出かけた。一八人が横一列に手をつなぐ「フランス式デモ」による東京の街頭制圧や、三〇万人のデモなどを連日展開しながら、私たちは、岸信介首相の退陣のみで、肝心の「日米安保条約」の成立を阻止できなかった。

この六〇年安保闘争を、組織動員のせいと見るのは一面的評価であり、（地方の八百屋や魚屋の商店主が臨時休業の張り紙で東京に駆けつける類の記事に象徴された）日米安保条約批准阻止闘争は、日本の近代史上最大規模の民衆運動・社会運動であった。その闘争と対比した場合、卑劣・違憲の閣議決定によって「平和憲法」（戦後民主主義）が粉砕される前夜六月三〇日のたたかいの参加者が「決定的に少なかった」という太田昌国の評価に、私は同意せざるを得ない（人口が日本の四割以下の隣国韓国では、四年後、二〇一六年の最大一〇〇万人を動員したローソクデモ・革命の力で、韓国国民は朴槿恵大統領を罷免に追い込み、翌年には文在寅大統領を選出した）。

話を冒頭に戻そう。「戦後民主主義」の息の根を止めたクーデターの二〇一四年七月一日の閣議決定は、予期できぬ不測の事態とはとても言えない。そのことをまず、アジア太平洋戦争（第二次世界大戦期の日本の戦争についての呼称は様々であるが、本書では、戦争の全体像の視点から「アジア太平洋戦争」と呼称する）の時代に日本による侵略や植民地支配を体験したアジア諸国の有識者の厳しい予告・警告によって、確認しよう。

一九九一年一月の湾岸戦争の勃発を好機として、日本の自民党政府は「国際貢献」の大合唱を始め、多国籍軍への九〇億ドル支援を決定し、四月にはペルシャ湾への「掃海艇」派遣を強行して、自衛隊の海外派兵の突破口を開いた。

この時、「アジアの良心」リー・クアンユー前シンガポール首相は、日本の軍事行動の許容は「アルコール中毒者にウイスキー入りのチョコレートを与えるようなもの」と指摘したうえで、端的に「日本人は行く所まで行く」と予言・警告した。それから二三年後の安倍内閣の閣議決定は、リーの予言通りに、日本人が「行く所まで行く」道のりを着実に歩んできた結果の到達点と言えよう。

また、「中国有数の人気作家で、北京作家協会副主席」の張承志の『中国と日本』（梅村坦・監訳、亜紀書房）は、二〇〇八年に執筆され二〇一五年一〇月に邦訳出版された。同書は、現在「大国勃興の夢に興奮している中国は、今こそ（福沢諭吉が先導し一九四五年の破綻・敗戦に至った）日本近代の歩みを思索すべき岐路に立たされている」と、中国の現状についても自己批判的にとらえた魅力的な著作である。その終章「解剖の刃を己に」において張は、「もしかすると、この小著が出版されないうちに、日本の平和憲法は、誰かの手によって改竄されてしまうかもしれない。」と指摘していた。〇八年の時点で、張承志は、六年後に日本の平和憲法が「改竄」「粉砕」される事実を予想し的中させたのである。

第二次安倍内閣のもとで、二〇一三年一二月六日に政府「公募意見」でも七七％反対の世論を踏みにじり、「戦争国家」に道を開く「特定秘密保護法」が強行可決され、翌年七月の集団的自衛権行使容認の閣議決定という戦争への暴走の道を決定的に開いたのは、二〇一二年末の衆議院議員選挙結果である。

「平成不況」の深刻化と社会的格差の拡大は、一九九八年から一四年連続の「自殺年三万人超」となり、平均給与も減少の一途となり、非正規労働者約四割、「預貯金なし」

世帯約三割、年収二〇〇万円以下の貧困層が二割をこし、国民は、全体として「生活苦しい」世帯が六割をこすという経済的苦境にあった。そのため、衆院選直前の争点世論調査では、「景気対策」三一%が最多、「年金・医療・介護」二五%など七割近くが目先の経済問題に目を奪われ、「貧すれば鈍する」の故事通り、「原発・エネルギー政策」七%、「外交・安全保障」四%、「憲法改正」への懸念がわずか二%という数字であり、この時点で私は、日本の戦争国家への転落を直覚した。

選挙結果は懸念通りで、戦争か平和かの分岐点となる総選挙において、ほぼ二人に一人の有権者が棄権するという戦後最低の投票率五九・三%によって、当選議員の七二%が「九条改正」賛成、七八%が「集団的自衛権」見直し賛成、原発再稼働容認議員が七七%という「改憲・壊憲」「原発推進」勢力の大幅進出の破滅的な結果であった。国民はもっぱら経済問題に目を奪われ、自ら「日本会議」主導の超保守反動・極右の安倍内閣の再登場を許し、この時点で、一年半後の卑劣・無法・違憲の集団的自衛権容認の閣議決定は不可避の道となった。

つまり日本はいま、日本軍性奴隷(「慰安婦」)問題に象徴されるように、戦争責任・植民地支配責任・戦後補償も未決済のまま、再び戦争国家への道に決定的に踏みだそうとしている。主権者・日本国民が、かつての昭和恐慌時と同様に、目先の経済不況・生活苦に目を奪われ、戦後最大の歴史の分岐点において、「不作為の責任」を含めて、戦争国家に暴走する極右・反動の安倍内閣を支持・選択し続けているのである。

「日本はなぜ大正デモクラシーから昭和ファシズムへの道を歩んだのか？」に類する大きな疑問として、「日本の戦後民主主義はなぜ戦争国家に帰着したのか？」という巨大な疑問が、今後、くりかえし問われることになろう。その問いへの一つの回答を、辺見庸『1《イ》★9《ク》★3《ミ》★7《ナ》』（河出書房新社、二〇一六年増補版）に探ってみよう。

同書の直接の主題は、一九三七年の日中全面戦争と南京大虐殺事件当時の日本人についての「記憶の墓をあばく」作業である。辺見は、「（三重障害者の社会福祉事業家）ヘレン・ケラーの訪日を喜び、かのじょが日本各地でおこなった講演に心から感動した多数のひとびとと、中国各地でほしいままにひとを殺し、強姦し、略奪し、放火した多数のニッポンの将兵たち」の「慈愛と獣性の抱擁」共存の姿を描き出した。

しかし同書のいま一つの主題は、墓をあばいて「『知らずにはすませられなかった』ことは、知ろうとすればするほど、調べれば調べるほどに、連鎖状に増殖してゆき、じんじょうならざる「いま」となって墓穴からたちあがる。かつて「ヒットラーを羨望させた」ニッポンのファシズムは、新たなよそおいでかつ新しい妖気をはなちつつ、いままた息を吹きかえしつつある」近年の日本社会の現状を告発することであった。

戦後民主主義は「血をながし、たたかってついにかちとった民主主義ではなく、他から投げあたえられた、それゆえ主体的〝芯〟を欠く、ひとまかせの、矮性のゆがんだ」「エセ民主主義」と決めつける辺見庸の現状認識は、当然ながらきびしい。辺見は「未来に過去がやってくる」と題した終章を、次のように結んでいる。

安倍晋三なるナラズモノは、いったいなにから生まれ、なにささえられ、戦争法案はなぜいともかんたんに可決されたのか。「この驚くべき事態」は、じつは、なんとなくそうなってしまったのではない。ひとびとは歴史にずるずると押され、引きずりまわされ、悪政にむりやり組みこまれてしまったかにみえて、じっさいには、その局面局面で、権力や権威に目がくらみ、多数者やつよいものにおりあいをつけ、おべんちゃらをいい、弱いものをおしのけ、……周りを忖度したりして、いま、ここで、ぜひにもなすべき行動と発言をひかえ、知らずにすませられないはずのものを知らずにすませ、けっきょく、ナラズモノ政治がはびこるこんにちがきてしまったのだが、それはこんにちのようになってしまったのでなく、わたし（たち）がずるずるとこんにちを「つくった」というべきではないのか。（本書における傍点は、原則として著者による）

本書の第Ⅰ章では、戦後民主主義の虚妄化の道のりをリードした丸山眞男の思想の歩みを中心に考察し、第Ⅱ章では、戦後日本の戦争責任（戦後責任）と植民地支配責任の問題を、戦争責任の四位相と「日の丸・君が代」問題を中心に考察し、第Ⅲ章では、一九四五年敗戦に帰着した日本の近代化の道のりを、福沢諭吉の思想の見直しを中心に考察する。

I

丸山眞男が戦後民主主義の虚妄をつくり出した？

1　福沢諭吉を戦後民主主義の支柱に据えた丸山眞男

日本の「戦後民主主義」時代の最高の知識人・思想家とされてきた丸山眞男は、代表作『現代政治の思想と行動』増補版後記（未来社、一九六四年）において、戦後民主主義を虚妄とする言説について、「そうした「虚妄」観の上にも学問的労作が花咲く可能性があることを私は否定しない。」と断りながら、「私自身の選択についていうならば、大日本帝国の「実在」よりも戦後民主主義の「虚妄」の方に賭ける。」と書いた。

ほかならぬ「戦後民主主義の旗手」の二項対立の印象的な表現ということもあり、この発言は多くの識者や読者の注目を集めた。例えば「戦争をさせない一〇〇〇人委員会」事務局長として、目下、反戦平和の市民運動で活躍する（戦後補償裁判や靖国問題発言で知られている、私の尊敬する友人の一人）内田雅敏弁護士が、二〇一一年の一橋大学での講義の題名に「大日本帝国の実在よりも戦後民主主義の虚妄に賭ける」をそのまま借用（内田雅敏『想像力と複眼的思考』スペース伽耶、二〇一四年）したのを筆頭格に、（「九条の会」の新たな世話人となった）愛敬浩二名古屋大教授（一六年二月一二日『毎日新聞』）や、「朝日新聞・論壇時評」を担当した小熊英二慶応大教授もこの丸山眞男の言説を引用した（一七年五月二五日『朝日新聞』）。

また、二〇一四年の第六九号で刊行を「休会」していた「丸山眞男手帖の会」世話人・川口重雄から、一七年八月一五日に『丸山眞男手帖』第七〇号を発行するという案内が来た時、その案内文の名詞どめの冒頭文も「大日本帝国の「実在」よりも戦後民主主義の「虚妄」の方に賭けると切り返した丸山眞男」となっており、結びは、「今こそ、戦争とファシズムの時代を生きた丸山眞男の思想的営為は、読み継がれなくてはならない。」となっていた。

私自身も、この丸山の一九六四年時点の「選択」を、共感をもって読んだことを鮮明に記憶している。一九三五年生まれで「少国民・学童疎開世代」（七七頁参照）の私は、アジア太平洋戦争の時代に軍国主義とファシズムの支配する「国民学校」教育を強いられた世代で、五年生の八・一五敗戦を境として、目の前で軍国主義日本の社会が音をたてて崩壊し、民主主義社会として「再生」する貴重な歴史的な時代に遭遇した。「社会が変わり得る」という驚きとともに、米占領軍指示の有名な国民学校の「教科書の墨塗り」体験をふくめて、闇の時代から光の時代への劇的な日本社会の転換の印象は強烈であった。

ただし軍国主義時代の私は、比較的に珍しく「軍国少年」ではなく、成績も振るわず、(スポーツが苦手で夜尿症に悩む) いじけた少年であった。国民学校二年生時の体験であるが、寒い季節の「紀元節」儀式 (一九四三年二月一一日) の校長の教育勅語「奉読」中に、寒さと退屈に耐えられず私は、足袋《たび》の指先で小石を挟んで日頃のわんぱく友達になげつけた。そのために儀式のあと、皮のスリッパで児童をなぐることで恐れられていたI教頭から、全校生徒の前にひきずり出されて、なぐりたおされるという恐怖の辱めをうけた。

そういう「劣等生」の私が、敗戦によって、軍国主義教育が一転して児童自身の発言や自発性を尊重する「戦後民主主義教育」に変わると、途端に六年生で成績も跳ね上がるという個人的体験があって、私にとっても、戦後民主主義は文字通り実感をともなう人生のプラスの価値そのものとなった。

その私が、たまたま上記丸山眞男の「後書」執筆と同じ一九六四年に、初めて福沢諭吉『学問のすすめ』を読む機会があったのは、文字通りの偶然の一致であった。第三編「一身独立して一国独立する」についての丸山眞男を筆頭とする定説的な戦後民主主義時代を象徴する福沢諭吉解釈がどうしても納得できず、結局、その一点の疑問解明のために、私はその後、半世紀におよぶ福沢諭吉研究にのめり込むことになった。

つまり安川は、一九六四年という年に、丸山の「戦後民主主義の虚妄に賭ける」発言につよく共感しながら、他方で、偶然、同じ年の『学問のすすめ』の読書体験から、福沢諭吉研究においても第一人者的存在であった丸山へのそれまでの畏敬的評価から離陸し、むしろ丸山眞男こそが、日本の戦後民主主義を虚妄化する学問的営為を担った問題の研究者であり、「戦後民主主義」のマイナスを象徴する典型的な「日本の知識人」ではなかったのか、という新たな認識の獲得を始めたのである。

以来、半世紀近い福沢諭吉研究の成果としての私の五冊の著書——『日本近代教育の思想構造』(新評論、一九七〇年)、『福沢諭吉のアジア認識』(二〇〇〇年)、『福沢諭吉と丸山眞男』(二〇〇三年)、『福沢諭吉の戦争論と天皇制論』(二〇〇六年)、『福沢諭吉の教育論と女性論』(二〇一三年、以上高文研)が一貫してとり組んできたのは、本書第Ⅲ章で解明するように、福沢を「典型的な市民的自由主義」者と把握する定説化していた丸山の、それ自体が日本の戦後民主主義論でもあった福沢諭吉論を、壮大な虚構の「丸山諭吉」神話として、次々と解体する作業であった。

福沢三大名言を「天啓」ととらえた丸山眞男

「戦後民主主義」思想を代表する丸山眞男は、日本の近代史の道のりを〈明治前期の「健全なナショナリズム」対昭和前期の「超国家主義」〉の二項対立史観でとらえた。「国民作家」司馬遼太郎が丸山のこの図式を〈「明るい明治」と「暗い昭和」〉と平易に表現したことで、この表現が日本近代史の常識的な図式となった。

〈「明るい明治」と「暗い昭和」〉の丸山流の分断史観の端的な問題点は、「明るい明治」だったものがなぜ「暗い昭和」に転落したのか、むしろ「明るくない明治」こそが「暗い昭和」を用意したと理解する方が分かりやすいのではないか、という問題である。

〈明治前期の「健全なナショナリズム」〉、つまり「明るい明治」が丸山福沢論が創作した壮大なウソッパチの神話であることを、とりあえず、近代日本の啓蒙を担った福沢の思想の代名詞にもなっている有名な①「天は人の上に人を造らず、人の下に人を造らずと云へり。」、②「一身独立して一国独立する」、最晩年の③「独立自尊」の三語句に即して、確認しよう。

丸山の解釈①「天は人の上に人を造らず、人の下に人を造らずと云へり。」

「「天は人の上に……」の句が『学問のすすめ』全体の精神の圧縮的表現である」「殆ど福沢イズムの合言葉となっている」（丸山眞男「福沢諭吉の哲学」一九四七年─『丸山眞男集』③、以下、『丸山集』と略称。丸数字は巻数）

「「天は人の上に人を造らず」云々という冒頭の周知の言葉は実にこの著全体を貫く根本主題の提示であるが、……福沢の自然法思想はここに至って全面的な展開を遂げた。」（丸山「近代日本思想史における国家理性の問題」一九四九年─『丸山集』④）

福沢は、『学問のすすめ』（『福沢諭吉全集』③─以下『全集』と略称。丸数字は巻数）冒頭の有名な句を、断定文よりは明らかにインパクトの弱くなる「……と云へり。」という「伝聞態」で結ぶことによって、この句が（「アメリカ独立宣言」に借りた）自分の言葉でないことを断るとともに、自分はこの万人の自由と平等を主張した天賦人権論に同意・同調していないという重要な二重の意味を厳密に表明していた。

福沢は、晩年の『福翁百話』においても、

人間世界に強弱智愚相匹敵して相親愛するの例は殆ど絶無と云ふ可し。……人々の智愚強弱いよいよ懸隔すればいよいよ親愛の情を深くし、之に反するものは衝突を免かれず。……男女の間を同権にするが如き、一切の平均論……は以て衝突の媒介たるべきのみ。

と書いて、人間の「強弱智愚」という現実の不平等の存在を無視して、「天賦人権論」的に（例えば、「男女同権論」の主張のように）人間を平等にしようとしたら、社会がうまく治まらないという哲学まで主張した確信犯的な「帝国主義的」差別主義者であった。

ところが丸山は、伝聞態問題についてはいっさい言及・検討しないまま、つまり、冒頭の句と肝心の『すすめ』の内容が大きく乖離《かいり》し、つながっていないという重要な問題をいっさい無視して、冒頭句が福沢自身の主張・宣言である、と解釈・主張した。

丸山眞男は、敗戦直後一九四五年の雑誌『世界』（岩波書店）五月号の論文「超国家主義の論理と心理」で一躍「時代の寵児」となり、戦後日本の最高の学者・知識人と見なされるようになったため、ほとんどの福沢研究者・学者がその丸山の名声、「学問的権威」に追従・「盲従」したことによって、戦後日本の社会では、「天は人の上に……」は、福沢が主張した思想であるという、最初の福沢諭吉神話が出来あがってしまった。

そして、戦後民主主義教育を担った日本の社会科教員も、その高名な学者の誤った意見に追従して、この福沢神話をそのまま教えて来たために、例えば、二〇〇〇年代初頭の名古屋大学の新入生の九二％もの学生が、福沢は「天は……」の「天賦人権論」＝人間平等論の主張者と答えたように、この福沢神話は国民的常識として定着した。

福沢の故郷の大分県中津市では、①ＪＲ中津駅にかかっている扁額でも、②福沢旧居の史跡案内パンフレットでも、③「壱万円札お札せんべい」（お札番号はA0000001）の包装紙でも、すべて「天は人の上に……造らず」と書かれていて、インパクトの弱まる伝聞態の「……と云へり。」は、勝手に削除されている。これは「ふるさと自慢」をしたいという地元住民の無理からぬ気持ちからも、「売らんかな」の商業政策上からも、当然のこととして許容できよう。しかし、学者がそういう作為をして「神話」を創作することは、明らかに学問的な逸脱であり、許されない。

じじつ『学問のすすめ』は、なによりも明治の人民が自由や平等に生きてはならないことを主張していた。例えば、『すすめ』初編で福沢は「一身の自由を妨げんとする者あらば政府の官吏も憚《はばか》るに足らず。」と、書いた。ところが、その教えに従って明治初期の農民が実際に「徴兵制（地租改正・学制）」反対の一揆をおこすと、『すすめ』第二編で福沢は、政府の「新法を誤解して一揆を起す者……かかる賊民を取扱ふには……是非とも苛刻《かこく》の政を行ふこととなるべし」と主張した。

また、『すすめ』で福沢が全国民に勧めた義務教育の小学校就学は自由ではなく、「仮令《たと》ひ人の身に苦楚疼痛《くそとうつう》を覚へしむるとも、必ず之を行はざる可らず」という「（専制）政府の権威による」（不就学児童への罰金制度もあった）苦楚疼痛の強制義務教育（福沢の表現では「強迫教育」）であった。

「天は……」によって、人間平等を主張した人物とひろく誤解されている福沢は、男女同権や「教育の機会均等」などの人間のあらゆる平等原則に、積極的に反対した。例えば彼は、「今の世」で「最も恐るべきは貧にして智ある者なり」と主張して、「高尚なる教育は唯富人の所望に任せ……貧人は貧人相応に廉価の教育を得せしむるこそ……社会の安寧に主張した。

の為に大切」と指摘して、生涯、高等教育は「専ら富豪の子弟を教《おしえ》るの門」にするよう

丸山の解釈②「一身独立して一国独立する」

丸山は、明治維新当初の福沢の基本的な課題が、日本を「国民国家」（「一身独立」）にすることと、日本を「主権国家」（「一国独立」）にすることという二つの課題であったとして、この定式「一身独立して一国独立する」において、その二つの課題「つまり民権論と国権論との内面的連関というものが、最も鮮やかに定式付けられ」ており（丸山「明治国家の思想」一九四九年―『丸山集』④）、

個人的自由と国民的独立、国民的独立と国際的平等は全く同じ原理で貫かれ、見事なバランスを保っている。それは福沢のナショナリズム、いな日本の近代ナショナリズムにとって美しくも薄命な古典的均衡の時代であった。（丸山「福沢諭吉選集第四巻解題」一九五二年―『丸山集』⑤―丸山が多くの読者を惹きつけた、強調語の頻用と美文

調に注目）

と結論づけたのである。

「一身独立して一国独立する」という表現は、日本語としては、それ自体、たいへん魅力的でカッコいい言葉である。その表現を、著名な丸山が上記のように華麗な言葉で、強調語も頻用して、見事な図式的把握をしたため、この解釈が定説として確立した。

丸山の致命的な誤りは、（幕末から『学問のすすめ』＝『文明論之概略』までの）初期啓蒙期の福沢が、日本の近代化の基本的方針を提示した代表作『文明論之概略』終章（第十章）において、「自国の独立」確保を最優先の「最後最上の大目的」に設定して、維新当初の日本では「先づ事の初歩として自国の独立を謀り、（「一身独立」のような）其他（の課題）は之を第二歩に遺して、他日為す所あらん」と述べて、「一身独立」の課題を「第二歩に」先送りする公約をしているのに、二つの課題が「見事なバランス」や「古典的均衡」を保っている、と勝手に誤読したことである。

「一身独立して一国独立する」の真の意味は、当然ながら『すすめ』第三編の内容に即して、福沢自身が、その定式をどう論じているかに基づいて解釈されるべきである。福沢はこの定式の中で、明治の日本の国民（農民）の「一身独立」を可能にする社会的な条件はなにも論じておらず、彼が論じているのはもっぱら一身「独立の気力」だけである。決定的な問題は、福沢の「一身独立」「自由独立の気風」の肝心の中身は、「人、ひとりひとりの独立」（司馬遼太郎『坂の上の雲』）や丸山が誤読した「個人的自由」「個人の自由独立」などとはおよそ関係なく、「一国独立」に寄与・貢献する「一身独立」は、ズバリ「国のためには財を失ふのみならず、一命をも抛《なげうち》て惜むに足ら」ない「報国の大義」のことであった。つまり福沢のいう「一身独立」は、「お国のためには命も財産も惜しまない」という国家主義的な報国心のことである。

丸山の解釈③「独立自尊」

「独立自尊」の市民的精神のための諭吉の闘争は必然に儒教乃至儒教的思惟に対する闘争と相表裏することとなった。……反儒教主義は殆ど諭吉の一生を通じての課題をなしたのである。（丸山「福沢諭吉の儒教批判」一九四二年―『丸山集』②）

教育勅語の発布に対して、一言半句も「時事新報」で論じておりません。福沢死後の「修身要領」にも、そういう教育勅語の忠君愛国的なものは全然でておりません。(丸山「九〇年学士院報告」──『丸山眞男手帖』二〇号、福沢「死後」は単純な誤り)

「反儒教主義は殆ど諭吉の一生を通じての課題」というのは、多くの研究者が、そのまま信奉・踏襲した代表的な福沢神話の一つである。しかし福沢にとっては、初期啓蒙期以来、「君に忠を尽」し「親に孝行」することは生涯自明の道徳であり、「修身要領」制定二年前の晩年の社説「吾輩は寧《むし》ろ古主義の主張者」(『全集』⑯)等においても福沢は、「周公孔子の教《おしえ》は忠孝仁義の道を説きたるものにして一点の非難もなきのみか、寧ろ社会人道の標準として自《おのず》から敬重す可《べ》きもの」と主張していた。

したがって、「教育勅語の発布に対して、一言半句も「時事新報」で論じておりません」の丸山の主張も当然反古になり、後半の「「修身要領」にも、そういう教育勅語の忠君愛国的なものは全然でておりません。」というウソッパチも、慶応大学教授で、戦後、文相になった高橋誠一郎の証言で、簡単に破綻した。制定七〇年後に「修身要領」覆刻の慶應義塾の企画に高橋元文相が反対したのは、次に紹介する「修身要領」前文に「教育勅語の、皇室中心主義の道徳への接近を思はせるもの」があるためであった（『福沢手帖』一〇六号）。「独立自尊」は、福沢の晩年、日清戦争に勝利した新たな時代に向けて福沢諭吉と慶應義塾関係者が作成した「修身（道徳）要領」の中心的な道徳のことである。「修身要領」にはまず、福沢の指示で次の重要な前文がついている。

凡《およ》そ日本国に生々する臣民は男女老少を問はず、万世一系の帝室を奉戴《ほうたい》して其恩徳《おんとく》（なさけ）を仰がざるものある可らず。……（「修身要領」―『全集』㉑）

つまり、福沢のいう「独立自尊」というのは、（万世一系の尊厳な）天皇の下部《しもべ》としての臣民の「独立自尊」のことであり、教育勅語を筆頭に、主君のための死を求められていた「臣民」には、自主独立・独立自尊は無縁の存在である。〈臣民の「独立自尊」〉というのは、難しい表現を使うと、「形容矛盾」のこと（「丸い四角」とか「木製の鉄」のように、本来、ありえないこと）である。以下、福沢自身の「独立自尊」の意味と精神を、やはり『福沢全集』に即して理解・把握しよう（引用文は現代語訳にした）。

萬物の霊長である人間にとっては、道徳というものは人から教えられるものではなく、自ら進んで人間の本分を尽した結果として、おのずと仁義忠孝の道に至るのである。仁義忠孝の道を特別に人間の徳義として尊重を求めるのは、かえって人間の品位がなお未だ高くないことを示している。……人格者にとっての独立自尊のポイントは、他に促されてそうするのではなく、すべて自ら進んで自発的に行動することである。

（『福翁百余話』第八話―『全集』⑥）

人間は禽獣と異なる萬物の霊長であることを自覚し、進んで人としての本分を尽くし全うすれば否応なく忠孝の道にかない、純粋の忠臣孝子となるのであり、これを「独立の忠孝」と言うことができる。……人格者の進退は、君主の命令や報恩のためにするのではなく、人としての本分を忘れず本分の指示するままに行動すれば、おのずと忠義の道にかなうのである。忠誠心というものはあくまで自発的なものであり、他から促されてそうするものではない。

（『福翁百余話』第九話）

自分の父母は如何なる存在かと言えば、自分を産んで養育してくれ、人力の限りを尽くして自分に尽してくれた恩人である。だからこの大恩人の恩を忘れずに、子どもがあらん限りを尽して親に孝行を尽そうとするのは、人間の親子の関係から自然にうまれる至情である。……だから親への孝行は当然至極のことであり、驚くことは親不孝があることである。つまり、親孝行という至情の行為が生まれるのは、萬物の霊長たる人間の最高の精神が自ずと生みだすものである。

（『福翁百余話』第一〇話）

福沢の「独立自尊」の意味は、じつは単純明快で、ポイントは「君子の言行は他動に非ず都《すべ》て自発なり」「忠義の心自動にして他動ならざるを知る可し。」とあるように、人は、他者（例えば、親や教師）から教えられてそうするのではなく、自ら進んで自発的に「仁義忠孝の道」を実践することを指しており、福沢はそれを「独立の忠」「独立の孝」「独立の忠孝」と表現した。しかもそれは難しい話ではなく、独立自尊とは、萬物の霊長たる高貴な人間が「人間の本分」に従って、進んで自発的に行動実践すれば自ずと「仁義忠孝の道」に通じるというものである。

「天は人の上に……」等という福沢の個々の語句に対する丸山の誤読による神話創出は、

当然、福沢研究に大きなマイナスの影響を及ぼし、戦後の日本人の「民主主義」理解にも悪影響を及ぼした。とりわけ、戦後日本の福沢研究に決定的な悪影響を及ぼし、それを制約した最大の「丸山諭吉」神話は、政治思想史専攻の丸山が、福沢の政治論を、作為的な引用によって、「典型的な市民的自由主義」と把握したことである（ただしその考察は、本書第Ⅲ章において行う）。

2　丸山眞男と戦争責任・植民地支配責任問題

丸山の福沢研究をめぐる三つの疑問

『福沢諭吉全集』を少しでも繙《ひもと》けば（明治の文章で現代人にはいささか読みづらいが）誰の目にも否応なく明らかになる、近年では「ヘイトスピーチの元祖」とも評価されるほどに、福沢諭吉が、武力行使と侵略を合理化するために、アジア諸国民への蔑視・偏見・マイナス評価をたれ流し、「富国強兵」にかわる「強兵富国」（福沢がこだわった「強兵富国」の意味については『時事小言』第四編一七六頁以下を参照―『全集』⑤）のアジア侵略路線を積極的に先導している事実を、丸山眞男の福沢研究がなぜ一貫して問題にしないのかということが、私の年来の第一の疑問であった。

丸山の場合は、たんに福沢のアジア蔑視観を不問に付すのではなく、逆に、日清戦争の敗戦によって、日本からも学ぼうという姿勢をもち始め、留学生の大量派遣に着手した中国に好感をもって彼が書いた超例外的な社説「支那人親しむ可し」（一八九八年三月、『全集』⑯）を、むしろ福沢の中国人観を代表する社説として引用するという、学問的には逸脱した作為さえ行っている。

その社説によって、丸山は、福沢の蔑視は「中国や朝鮮の人民や国民」に向けてではなく、「「満清政府」あるいは李氏政権」に向けてであり、「戦勝後の日本の中に、中国と中国人とを〝チャンチャン、豚尾漢〟などと「侮蔑し軽視する態度が一部に生まれていることに対し、憂慮し、警告することを忘れなかった」（『丸山集』⑮二一七頁）と、（超例外的な一社説の引用によって）福沢の中国観を逆に賛美さえするのである。

丸山福沢論への二つ目の疑問は、福沢について膨大な著述を行いながら（『丸山眞男集』全一六巻で、福沢を直接・間接の対象とした著書・論文の量的比率は約二割）、福沢が「強兵富国」のアジア侵略路線を先導する姿を一貫して不問に付した丸山は、日清戦争後の福沢が「帝国主義者に転向」したという見解を、突然のように表明する。それを丸山は、「民権論と国権論の内面的な連繫を最も見事に定式付けた思想家」の福沢が「日清戦争を契機として、……民権論と必ずしも必然的関連を持たない様な国権論の主張者となる。つまり帝国主義者に転向して行く」事象（「明治国家の思想」『丸山集』④七五頁）と説明した。

そうなる過程を一貫して無視する丸山の、前者から後者への急転換の原因、つまり「典型的な市民的自由主義」者がなぜ「帝国主義者に転向」したかの説明が、不能あるいはデタラメなものとなることは、じゅうぶん予想できる。

それにしても丸山の説明――

日本がちょうど一人前の国家になった時に、世界が帝国主義的な段階に入ったという事情……これをたとえていうならば、思春期に達した子供が非常に悪い環境に育ったために性的な方面で、他と不釣合にませてしまった様なものではないかと思うのであります。（同右、④八八～八九頁）

は、後述するように、お粗末の限度を超えている。

そして最後の三つ目の疑問は、「戦後日本思想界の天皇」とまで評される丸山眞男個人の、アジア太平洋戦争期における侵略戦争への明白な加担という、具体的な彼自身の戦争責任の問題である。

学生を戦場に送った丸山助教授

丸山眞男は、旧友の依頼に応じて一九四三年一一月二五日号の慶応大学『三田新聞』に、同年の徴兵猶予の特権停止と繰り上げ卒業により、一〇万余の文系中心の大学高専学生が侵略戦争の戦場に送り出された「学徒出陣」政策にかかわる論稿「福沢に於ける秩序と人間」を寄稿した。丸山は、福沢の「一身独立して一国独立する」を「国家を個人の内面的自由に媒介せしめた」定式であると勝手に読みこみ、「福沢は……言いうべくんば、個人主義者たることに於てまさに国家主義者だった」と書いた論稿は、何度読みかえしても、徴兵延期の撤廃措置によって、青春の真っただ中から侵略戦争の戦場にひき出され（「わたつみ〈海神・海〉」の涯《はて》で非業の死を余儀なくされた）「わだつみ学徒兵」たちに向かって、学徒出陣を学生「一人々々」が主体的に「国家の……運命」として担う、「個人個人の自発的な決断」を求め、学生たちを戦場に送りだす積極的役割を果したものである（『丸山集』

②二一九〜二一頁)。

私は、丸山東京大学助教授が「教え子」を戦場に送りだした、この具体的な自らの戦争責任をどう認識・自省しているのかに着目する。家永三郎が、アジア太平洋戦争の時代の流れに抗しえなかった不作為の過去の自分に、主体的な戦争責任を意識したのに対して、丸山は具体的に侵略戦争の時代の流れに棹をさしたのである。だから、家永以上の強烈な悔いや戦争責任意識、あるいは自省の念があっても不思議でない、と私は考える。

丸山は戦後、『戦中と戦後の間』(みすず書房、一九七六年)にこの論稿を再録した際に、「内容についての釈明にわたらぬように配慮」した簡単な「後記」を付けている。それは旧友からの原稿依頼の経緯を書いたもので、「次号の『三田新聞』は学徒出陣の記念ということで、福沢の国権論とか、大陸への軍事的発展にたいする肯定の側面がもっぱら強調されるような紙面になるので、福沢にたいする、やや異った見方がほしいという話であった。私にも(旧友)林君の意図はよく理解されたので、その場で承諾したように憶えている」と結んでいるだけである(『丸山集』②二二二頁)。

「釈明」をさけた誠意は理解できるが、ニュアンスとしては、旧友の依頼に応えて「福沢の国権論とか、大陸への軍事的発展」の謳歌に便乗せずに、「やや異った見方」を書くことが出来たという丸山の自負のような思いは伝わるが、家永とは対照的に、学業半ばの学生たちを戦場に送り出す役割を現に果たした事実への、つよい反省や自責の念は見当たらない。

「やや異った見方」とあるが、日本戦没学生記念会（わだつみ会）事務局長を経験したことのある私には、「国のためには……一命をも抛《なげうち》て惜むに足ら」ない滅私奉公の「報国の大義」を求めた福沢の定式「一身独立して一国独立する」に対して、丸山がそれを「個人の内面的自由に媒介せしめた」定式と勝手に読みこんだことが許せない。そう読みこむことによって、学生が「国家の動向をば自己自身の運命として意識」し、学徒出陣を主体的に納得するように求めたのではないのか。むしろ福沢の単純な「報国心」の勧め以上の説得力をもって、学生たちの戦時動員への同意をとりつける結果になったのではないのか、という批判的な思いが抑えがたいのである。

丸山の「福沢は……個人主義者たることに於てまさに国家主義者だった」という文章は、①同時代に国家に背を向けて韓国への逃亡を企てた被差別部落出身の三国連太郎《みくにれんたろう》（佐藤政雄）、②「良心的兵役拒否」を行った東京帝大生・北御門二郎《きたみかどじろう》（澤地久枝との対話『トルストイの涙』青風舎、二〇一四年）、③自分の死亡診断書を偽造して徴兵忌避に成功し、憲法九条出現の戦後も戸籍を復活しなかった農民作家・山田多賀市《やまだたかいち》（三島利徳『安曇野を去った男』人文書館、二〇一六年）らの、丸山のいう「個人の内面的自由」に固執し、「個人主義者」に徹しようとして「良心的兵役拒否」に類する行動を選択した超稀有な青年たちに対しては、それを励ますよりはブレーキをかける論稿であることは、論理的に明らかである。

この「後記」からは、丸山がこの論稿を書いたこと自体への悔いや深刻な自責の気配を私は感じとることが出来ない。そして、この論稿を書いて学生たちを戦場に送り出した自らの戦争責任という問題については、この「後記」以後も丸山は生涯固く口を閉ざしているようである。ここで私が断定を避けて、「ようである」と書いたのは、『丸山集』全一六巻・別巻の全体に目を通して得た丸山眞男の文章と思想への失望感から、この問題についての証言を『丸山眞男講義録』『座談』『書簡集』『話文集』『自己内対話』などの彼の全著述物にあたって検索する意欲がもてないからである。

「朝鮮を語らないことを通して朝鮮を語った丸山」

しかし、教え子を戦場に送り出した事実への戦争責任意識の有無を検索する必要のなかったことを、権赫泰《クオンヒョクテ》『平和なき「平和主義」』（法政大学出版局、二〇一六年）の、丸山における植民地・民族問題の完全な欠落について、「朝鮮を語らないことを通して朝鮮を語った丸山」という権赫泰の一言で、私は瞬時に問題を理解・納得できた。それにしても韓国人の同書の内容は、私にとって衝撃であった。

同書によると、丸山は戦前の日本では、むしろ朝鮮との接点を多く持った知識人である。①関東大震災時の朝鮮人虐殺を目撃した九歳の丸山少年は、その強烈な体験を作文に生々しく綴っている。②父・丸山幹治は植民者として朝鮮総督府機関紙『京城日報』の編集局長・主筆として五年以上朝鮮に滞在しており、息子眞男は、主筆時代の父から、朝鮮は「日本のアイルランド問題」と聞いている（一一〜一三歳の頃）。しかも、③思想家・丸山にとっては貴重な約九カ月の「日本の軍隊」生活のうち、直接、朝鮮・平壌で三カ月の軍隊生活を体験している。

ところが、「軍隊では朝鮮人の差別はなかったですか」という門下生らからの問いかけに、丸山は「ないですね。朝鮮人の上官にもよくぶん殴られた。……階級だけなんです。平壌では、朝鮮人の兵隊……皇国万歳という感じなんですね。平等になってよろこんでいる感じ。」と答えている。

つまり、帝国日本の軍隊には、軍隊組織上の階級問題だけが存在して、民族差別は存在しないという含意の驚くべき発言である。信じ難い事実であるが、丸山の理論的な枠組みには、帝国主義と朝鮮＝植民地問題は、はなから存在しないのである。姜徳相《カンドクサン》『朝鮮人学徒出陣』（岩波書店、一九九七年）で広く知られているように、日本軍の幹部候補生採用におけるあらわな民族差別や、多くの朝鮮兵の脱走、「平壌義挙事件」を筆頭とする「抗日義挙」、敵軍の独立軍や中国軍への朝鮮兵の「寝返り」などがあった。

著者の権は、中野敏男『大塚久雄と丸山眞男』（青土社、二〇〇一年）も引用しながら、結論として、丸山が「「捨象の思想化」とでも呼べる（思想史の）方法を用い」て、「朝鮮＝植民地問題をその思想体系の中から「さっぱりと」捨象することにより」、著名なその「ファシズム理論を完成させ、国民主義的ナショナリズムの理論を立ち上げた。」、「丸山のファシズム論は植民地を捨象せざるを得ない内的構造を有していた」と分析している。

帝国主義と朝鮮＝植民地問題を全的に捨象する知識人にとっては、日本国家と自分自身の戦争協力の戦争責任・植民地支配責任が視野に入らないのは当然の帰結であろう。

宗主国軍の兵士としての駐留体験を含め、むしろ朝鮮との接点の多かった戦後日本の代表的な知識人の理論的な枠組みに、帝国主義と朝鮮＝植民地問題の視座がないという事実は信じ難い衝撃的な事実であるが、同時に、私の長年の丸山の福沢研究への疑問が雲散霧消する事態でもある。

『福沢諭吉全集』を少しでも繙《ひもと》けば、誰の眼にも否応なく明らかになる、「ヘイトスピーチの元祖」とも評価されるほどのアジア諸国民への蔑視・偏見・マイナス評価をたれ流し、「強兵富国」のアジア侵略路線を先導している事実を、丸山の福沢論がなぜ一貫して無視に近い軽視をするのかということが、私の年来の疑問であった。

もちろん政治思想史の先達として、丸山は戦争責任問題についてはくり返し発言してきた。とりわけ日本共産党の戦争責任を論じた「思想の言葉」（一九五六年三月『思想』）は、論壇の注目を集めた（その問題に関連して、「戦争阻止の有効な戦略・戦術を案出し実践できなかった結果責任」を共産党に問う余地は残るという、家永三郎『戦争責任』〈岩波書店、一九八五年〉の慎重な見解に、安川は基本的に同意する）。しかしながら、国家による教育の画一化、ファシズム、侵略戦争の「暗い谷間」の時代の流れに抗しえなかったという自らの不作為の主体的な戦争責任意識から、一九六五年提訴以来の長年の教科書訴訟をたたかった親友の家永三郎と対比すると、「政治的責任は峻厳な結果責任」と主張する丸山の戦争責任論の論理的な正当性は認めながらも、だからこそ逆に、その責任論の組み立て方に大きな違和感が残るのである。

つまり、丸山にとって戦争責任の問題は、第一に、家永三郎のように自らの生き方とは切実にきり結ばない、学問研究や評論上のたんなる主題・対象（家永『戦争責任』の表現を借りると、「外部からの超越的批判」）に止まっていた。だからまた、その生涯の福沢研究も、福沢の明白な戦争責任・植民地支配責任を一貫してたなあげした「丸山諭吉」神話の構築に止まったのではないのかと考える。

第二は、権赫泰も問題にした帝国主義と植民地問題を捨象した丸山の「国民主義的ナショナリズムの理論」自体の問題である。

一九四六年の記念碑的論文「超国家主義の論理と心理」の日本ファシズム論に対して、丸山が対置したのが「デモクラシーとナショナリズムの結合」した「国民主義」の理論であった。上記論文の翌年二月の論稿「陸羯南―人と思想」（『中央公論』）において、丸山は早くも「福沢諭吉から陸羯南へと連なる国民主義」の流れという図式を提示した（『丸山集』③）。そして翌三月の論文「福沢における「実学」の転回」（『丸山集』③）と、同年九月「福沢諭吉の哲学」（『丸山集』③）と、五二年「福沢諭吉選集第四巻解題」（『丸山集』⑤）の三論文によって、丸山の生涯の福沢論の基本的輪郭は完成した。

この三論文で提示された丸山の福沢諭吉像が、以後、戦後日本の社会においては、不動の定説的地位を確立した。三論文中の「福沢選集解題」論文において提示されたのが、福沢の政治論が「典型的な市民的自由主義」という最大の「丸山諭吉」神話である。つまり福沢諭吉を、国民主義的ナショナリズムを体現した「典型的な市民的自由主義」者の最高のモデルとしておし出していくためには、『福沢諭吉全集』を繙けば誰の目にも入るはずの福沢のアジア蔑視のたれ流しとアジア侵略先導の姿を、丸山は、すべて意識的・作為的に捨象せざるを得なかったのである。

その丸山も、日清戦争の勝利が「日本の近代化は一応達成されたのだという一つの心理的な錯覚に福沢を陥れた」として、「福沢だけではなく、……多くの民権論者が民権論と必ずしも必然的関連を持たない様な国権論の主張者となる、つまり帝国主義者に転向して行く」(「明治国家の思想」『丸山集』④)と指摘して、日清戦争後の福沢が帝国主義者に転向したと書いている。同じ論文の直前でも「一身独立して一国独立する」の福沢は、「民権論と国権論の内面的な連繫を最も見事に定式付けた思想家」と書いているので、ここまで読んだ熱心な読者(「明治国家の思想」は歴史学研究会の講演録である。だから厳密には「読者」は「聴衆」となる)は、そんな最高の民権論者がどうして「帝国主義者に転向」することになったのか、切実に知りたいと思うであろう。

もともと「典型的な市民的自由主義」者という福沢像が（第Ⅲ章で論証するように）作為的手法による虚構で最大の「丸山諭吉」神話であるから、丸山にはデタラメな説明しか出来ない。同論文の後半で、福沢を帝国主義者に転向させたものは「何といっても、まさに弱肉強食そのままの、当時最高潮に達した帝国主義的な世界争奪であったのでありまして、これをたとえていうならば、思春期に達した子供が非常に悪い環境に育ったために性的な方面で、他と不均合にませてしまった様なものではないかと思うのであります。」と、丸山は書いている。

大英帝国の帝国主義史研究の第一人者の木畑洋一は、「帝国主義の時代に植民地支配は当然だったのか」という論稿のなかで、「日本の外に、国家としての日本の行動の環境として帝国主義が存在したのではなく、日本の行動そのものが、帝国主義を展開させる原動力の一つとなった。」と書いている。つまり、明治日本が受け身で帝国主義の道を迫られたのではなく、福沢が先導した近代日本国家が、アジアにおける帝国主義の道を主導的・積極的に切り開いていったのである。

「明る（くな）い明治」から「暗い昭和」への帝国主義の道のりを先導した思想家福沢

の主体的・内在的な責任をすべて棚上げして、帝国主義への福沢の転向を「心理的な錯覚」と説明する丸山であってみれば、権赫泰の先の書によると、一九九〇年の『回顧談』において、丸山が、

帝国主義国で、謝罪した国があるかといえば、ありませんね。いつ一体イギリスはインドに謝罪したか。いつドイツは膠州湾について謝罪したか。いつソ連はツァール・ロシアのやったことに謝罪したか。(四一頁)

と語って、植民地支配は反省や謝罪する出来事でないと断定していることも驚くことでない。

しかしながら、同じ一九九〇年代以来、過去の奴隷制や植民地支配によってもたらされた奴隷制と植民地の住民に対する被害について、世界史的に、その被害と加害の真相究明、責任の追及、そして補償を求める動きが起きている。二〇〇一年の南アフリカ共和国で開催された国連主催の「ダーバン世界会議」でそれらが討議され、不十分ながらも、「ダーバン二〇〇一宣言・行動計画」において、

植民地主義が人種主義、人種差別、外国人排斥および関連のある不寛容をもたらし、アフリカ人とアフリカ系人民、アジア人とアジア系人民、および先住民族は植民地主義の被害者であった……侵された重大かつ大規模侵害について進んで謝罪をしてきた国家や、適切な場合には、補償を支払った国家があることに留意する。

と記載される時代を世界史は迎えている。

戦争責任を放置した戦後民主主義

戦争責任というと、過去にかかわる問題と考えることに、最初の誤りと躓《つまず》きがある。戦争責任・戦後補償をどれだけ誠実に償ったとしても、日本の侵略戦争で殺された二〇〇〇万を超すアジア諸国民の命は戻らず、日本軍性奴隷女性に真っ当な補償金を支払ったとしても、その青春を蹂躙されたかの女たちの人生は元に戻らないのである。つまり、戦争責任のポイントは、侵略戦争と植民地支配の過去への誠実な謝罪と反省にたって、日本の社会が二度とふたたび戦争への道を歩むことを許さないという未来責任にこそある。

一九四五年敗戦からの日本国民の再生の出発点を飾る「日本国憲法」も、その前文冒頭で「日本国民は、……政府の行為によって再び戦争の惨禍が起ることのないやうにすることを決意し、ここに主権が国民に存することを宣言し、この憲法を確定する。」と規定することで、主権在民の宣言と「政府の行為によって再び戦争の惨禍が起ることのないやうにする」ことの「決意」を不可分の課題と規定していた。

日本国憲法公布と同じ一九四六年に「無実の罪」でBC級戦犯として処刑された学徒兵・木村久夫（京都帝国大学から学徒出陣）は、日本の戦争責任について「満州事変以来の軍部の行動」と「指導者の存在」を「許して来た全日本国民に其の遠い責任がある」と書き残した（『きけわだつみのこえ』岩波文庫、一九八二年）。

同じ年に映画監督・伊丹万作は「だますものだけでは戦争は起らない。だますものとだまされるものとがそろわなければ戦争は起らない」と書いて、「だまされた国民」の主体的な戦争責任を告発した（一九四六年八月『映画春秋』）。

一五歳で志願して海軍に入隊し、レイテ沖海戦で九死に一生を得た農民兵士・渡辺清（戦後、「わだつみ会」事務局長）は、「お濠の松に天皇をさかさにぶら下げて、……」と、天皇裕仁の戦争責任をきびしく問い詰めながら、その天皇制軍国主義教育に「知らずに欺《だま》されていたとすれば、そのように欺された自分自身に対してまず責任がある」と、自虐的なまでにきびしく自分の主体的な戦争責任に向き合った（『砕かれた神』〈朝日選書、一九八三年〉、『私の天皇観』〈辺境社、一九八一年〉）。

以上の先駆的な三人の貴重な戦争責任論は、憲法前文で主権を認められた主権者日本国民が、敗戦の時点で、同じ憲法前文冒頭通りに「政府の行為によつて再び戦争の惨禍が起ることのないやうにすることを決意」することを求め、その必要性を示唆していた。つまり、戦後改革によって主権者日本国民の地位を確立し認められた日本国民は、戦後民主化の道のりを、例えば、同じ旧枢軸国イタリア国民がムッソリーニ首相を自ら処刑し逆さ吊りにしただけでなく、一九四六年六月の一二七二万対一〇七二万票の国民投票によって、ファシズムを支えてきた君主制を廃止し、国王一族を国外追放したように、先ず過去の天皇裕仁を筆頭とする（自分たちをだました）日本の支配者・支配階級の戦争責任を追及・告発することを求められていた。

加えて、国民を侵略戦争に動員する巨大な役割を果たしたマスコミ、学校教育、司法、警察、宗教等の戦争責任を追及・告発することが考えられる。例えば、ドイツとイタリアにおいてと同様に、戦争協力した新聞が戦後基本的にすべて廃刊となるような展開が期待されるが、日本ではそうした責任追及は基本的になされず、超例外的な事例として、例えば、八月の敗戦時に、侵略戦争に加担した自らの戦争責任をとって、むのたけじが『朝日新聞』を退社したり（その後、むのは一〇〇歳を超えてもなお反戦の闘いを続けた）、三浦（堀田）綾子が小学校教員を個人的・自発的に辞職するような稀な事象にとどまった（『石ころのうた』角川文庫、一九七九年）。

「新憲法」前文はさらに、国民が「知らずに欺《だま》された自分自身」「だまされたもの」の戦争責任・植民地支配責任に覚醒し、真摯に向き合い、生き方の自己変革に向かう主体的な戦後責任＝未来責任の必要性を示唆していた。しかしながら、戦後民主主義を迎えた総体としての日本国民は、明治以来の天皇制支配と天皇制軍国主義教育の意識形成・マインドコントロールから十分蘇生・恢復・覚醒せず、天皇裕仁以下の支配者と、マスコミなど各種協力組織の戦争責任追及に立ち上がらなかった。そして、日本の社会において、国民自らの戦争責任の議論がひろく開始されるようになるのは、戦後半世紀近い一九九三年八月に、細川護熙《もりひろ》新首相が記者会見で総理として初めて「先の大戦」が「侵略戦争」「間違った戦争であった」と表明して以来のことである。

つまり、日本の戦後民主主義は、国民主権と平和的生存権を不可分のものと規定した憲法前文にもかかわらず、戦争責任・植民地支配責任という重大な問題を放置したままスタートしたのである。

その具体的な現れが旧植民地出身者の参政権と国籍の一方的な剥奪であった。戦前、日本内地在住の朝鮮人・台湾人などには、限定的ながら参政権が認められ、朝鮮人議員も存在した。ところが一九四五年末の衆議院議員選挙法の改正によって、植民地支配責任問題を放置したまま、旧植民地出身者の参政権は、一方的に剥奪された。そのため旧植民地出身者は、四六年四月以来の衆議院選挙に参加できなくなった（米軍の直接占領下の沖縄県民も除外された）。加えて四七年五月三日の新憲法施行の前日に、昭和天皇最後の勅令によって、旧植民地出身者の国籍までが剥奪された。

つまり、日本国憲法はその出発時において、植民地支配責任の解決という歴史的課題を放置し、沖縄県民への加重負担の押し付けという構造的差別を前提にして、植民地出身者と沖縄県民の主権を排除したままスタートしたのである。

丸山眞男の「国民主義的ナショナリズム」とは何か

丸山眞男も、戦争責任追及を放置した間の抜けた日本の「戦後民主主義の旗手」に相応しく、彼の戦後啓蒙は、およそ見当違いの方向に向けて始まった。

侵略戦争に直接加担した自分自身と日本国家の戦争責任を自覚・直視できず、自らの理論枠組みから帝国主義と植民地問題を捨象・欠落した丸山眞男は、名声を確立した記念碑論文「超国家主義の論理と心理」の最後を、「日本軍国主義に終止符がうたれた八・一五の日はまた同時に、超国家主義の全体系の基盤たる国体がその絶対性を喪失し今や始めて自由なる主体となった日本国民にその運命を委ねた日でもあった」と結んだ。その「自由なる主体」の進むべき戦後日本社会の民主化の方向を、彼は翌年の論稿で「福沢諭吉から陸羯南へと連なる」「デモクラシーとナショナリズムの結合」した「国民主義」の理論で、その戦後啓蒙を開始した。

つまり丸山眞男は、戦争責任・植民地支配責任という最重要な問題を捨象・放置したまま、自らたれ流したアジア蔑視観をバネにして「強兵富国」の「強盗国」アジア侵略路線を先導した福沢諭吉を、「デモクラシーとナショナリズムの結合した」「明るい明治」の「健全なナショナリズム」論者、「典型的な市民的自由主義」者と勝手に読みこんで、（アジア侵略の先導者を）日本の戦後啓蒙の最高のモデルとしておし出したのである。

もちろん、作為や虚構に基づく「福沢諭吉神話」による啓蒙によっては、戦後日本の社会を現実に前向きに変革することは出来ず、朝鮮戦争を機に日本は「逆コース」の道を歩みはじめ、民主主義確立の道のりは、あっという間に遠のいた。丸山は、アジア諸国の識者から帝国主義的侵略論者ときびしく非難・批判・憎悪されている福沢諭吉を、戦後日本の民主化のモデルとして美化・推奨し、日本の最高額面紙幣の肖像におし出す役割さえ果たしたのである。つまり、日本の戦後民主主義が虚妄と化すのは、必然の道のりであった。

3　日本人は戦争責任と向き合えるのか——ある教育学者の認罪

教育学者・五十嵐顕《いがらしあきら》の戦争責任の告白

一九一六年生まれ（一四年生まれの丸山眞男より二年年少）の「前わだつみ世代」（七七頁参照）の五十嵐顕は、豊橋予備士官学校を首席で卒業し、南方軍幹部候補生隊区隊長としてアジア太平洋戦争の侵略戦争を積極的に担い、戦中は、幹部候補生の教官として「絶対に不平を持つ勿《なか》れ。軍紀は上御《かみご》一人《いちにん》に対し奉る絶対の随順に根源す。……自己　自己なし。上御一人あるのみ。」と訓辞していた。その五十嵐少尉は、復員した四六年に国立教育研修所に職を得て、五一年から東京大学教育学部講師となった。戦後の彼は「日教組」講師団、「教科研」常任委員、雑誌『教育』編集長、ソビエト教育研究会事務局長・会長など「革新的研究者の旗手」として活躍した。

映画「きけわだつみの声」（一九九五年公開）鑑賞後の高校生と、平均年齢八〇歳の元日本軍兵士九人との対話集会（九五年九月一七日、名古屋）の席上、「戦時中、戦争に疑問をもった人はいますか？」という高校生の問いかけに、五十嵐は、「戦争のために、あるいは天皇のために死んでもいいかというふうに、突き詰めて」考えなかった事実を正直に語り、その自分を怠慢であったと責めた。当時、戦争が正当化できるものか否かを突き詰める「そういう責任があったにもかかわらず、ほかの兵士に比べればもっと知的に考えることは出来たのに」そうしなかった事実を、痛恨の思いで五十嵐は自分の知的「怠慢」と責め、それを自らの「戦争責任」と考えようとしていた。

五十嵐は、他の多くの日本の知識人同様に、戦後、マルクス主義者へと転身して、「平和と民主主義」のために闘っていることで自分は過去の償いをしている、と長年無意識のうちに考えていた。晩年の彼は、それが自己批判としては不十分、あるいは誤りであることに気づき始めていた。それを示唆するのが、高野邦夫（新日本出版社社員、八戸工大教授、民主教育研究所事務局長などを歴任）宛ての「私は定年で東大を止めるまで民主主義のために働いていたつもりでしたが……侵略戦争に参加した罪と、その責任の問題を突き詰めていないことに気づきました」という書簡（追悼集編集委員会『五十嵐顕追悼集』同時代社、一九九六年）である。

「私の軍歴にふくまれ、そこに潜む戦争責任の問題に一顧だにせず、戦後教育改革の流れに乗って、戦後の研究者生活に入った」自己を振り返り、五十嵐は「（東大と中京大の）定年退職後、重い狭心症に陥ったのも戦争責任にほおかぶりして来たことの祟り」とまで、自己の人生を責めたてたのである。もちろん、良心的教育学者、あるいはコミュニストとして活躍していた当時の五十嵐には、こうした目覚めは無く、いま民主主義のために奮闘することこそが重要という思いであった。そのことを自己批判的に話したのは、高校生との右記の対話集会での次の発言であった。

「今まで言わなったこと」ですが、と断って、南方軍幹部候補生隊区隊長として侵略戦争を積極的に担った事実を、公の席で初めて告白・表明し、「だからその後五〇年かかって、この時の自分が、どういう点で怠慢であり、どういう点で——（録音不明）ということを考えるために、五〇年かかってまだ、実はおさまりがついていないんだ」と激しく自分を責めたて、万感胸にせまる思いの最中で、五十嵐は、マイクを握ったまま絶句して崩れ落ちたのである。幸い五十嵐の日頃の病状を知っている医師が会場にいて、すぐ心臓マッサージを繰り返したが、意識が戻らないまま救急病院に運ばれ、彼は一時間半後に七八歳で急逝した。

五十嵐顕が丸山眞男と大きく異なるのは、自分の犯した誤りや怠慢を事実として認め告白し、その自分自身の責任を追及しようとしたことである。知的エリートとして、自分が積極的に担った戦争が正当化できるものか否かを突き詰める責任があったにもかかわらず、そうしなかった事実を知的「怠慢」と責め、それを自らの「戦争責任」と考えようとした。また、敗戦の時点でその自らの戦争責任と向き合うことなく、戦後民主主義の教育改革の流れに乗って研究者としての生活を始め、平和と民主主義と社会主義のために奮闘することが過去の償いであると無意識的に考えていたこと自体も誤りと認識するようになった。

『きけわだつみのこえ』の学徒兵・木村久夫と出会う前の一九八〇年代の五十嵐の戦争責任論の深まりの転機は、初年兵教育の一環として中国人捕虜を刺殺し、同じ行為を部下に命令した体験を綴った富永正三『あるBC級戦犯の戦後史』（水曜社、一九八六年改訂版）との出会いであった（九〇年代には後述の渡部良三とも出会う）。富永に代表される撫順戦犯管理所・中国帰還者連絡会（「中帰連」）会員に共通する戦争責任認識は、「上官の命令は絶対」の戦場においても、「非人道的な命令に従うか」否かは個人の「選択」の問題であり、「国家への忠誠に優先」する「個人の人間的良心」こそが問われるという最高度にきびしい責任論である。

五十嵐は、このきびしい戦争責任論を梃子《てこ》にして、自らの認罪と戦争責任認識を深めていった。中国戦線の日本軍の毒ガス攻撃をうたった一九八四年の詩「黄な粉」（五十嵐顕詩集『日日の想い』私家版、一九八九年。九八頁以下に掲載）の「されど、その時、そのところに／わが部隊の居合せて／……（隊長の）われに撒毒の命降りたりとせばいかん／われは抗命をつらぬき人道をまっとうしえしや」という自問は、彼自身の認罪への劇的な転身の過程を示唆している。八七年の詩「骨」（同右。一〇〇頁に掲載）では、戦時期の自分を「わが身の命をやすやすと奪う侵略戦争にさえ内心の批判すらもてなかった恥ずべき能なし」とまで自らを蔑み、吉田裕（一橋大学教員）あての同年の書簡では、自分を「戦犯世代」と自嘲している。

わだつみ学徒兵を介しての「戦争責任論」への覚醒

五十嵐顕は、晩年（一九八九年）に「わだつみ会（日本戦没学生記念会）」に入会して、『きけわだつみのこえ』（八六頁参照。以下、『わだつみ』と略称）に、日本の戦争責任について「日本がこれまであえてして来た無理非道」と「満州事変以来の軍部の行動」と「指導者の存在」を「許して来た全日本国民に其の遠い責任がある」と書き残した学徒兵・木村久夫（四六年五月、「無実の罪」でBC級戦犯としてシンガポールで銃殺刑にされた）の存在に魅了されて、（傑出した木村の遺書は『わだつみ』の最後に置かれている。岩波文庫版、三一三〜三三六頁）下記のような数篇の論稿を書き残した。

a 「木村久夫の遺書の問題提起」（『わだつみのこえ』第九三号、一九九一年）
b 「木村久夫の遺書における「全日本国民の遠い責任」」（同右、第九四号、一九九二年）
c 「『わだつみ』をいかに聴くか」（『中京大学社会学部紀要』第五巻第二号、一九九〇年）
d 「『わだつみ』をいかに聴くか」（『人間と教育』第五号、一九九五年）

五十嵐は、『わだつみ』の中で「マルキシズム」という言葉を使っているただ一人の学生である木村久夫と同じ「前わだつみ世代・マルクス主義思想残光期」（七七頁参照）に属する広義の「わだつみ学徒兵」である。しかも、五十嵐の方が二歳年長であり、彼は戦後に初めてマルクス主義と出会うが、年少の木村は、京都大学経済学部の学生時代にマルクス主義経済学と出会っていた（その思想との出会いを木村は、「一つの自覚した人間として出発した時であって、私の感激ある生は其の時から始まったのである。」と表現している。『わだつみ』三二九頁）。

また、五十嵐は幹部候補生の教官であったのに対し、日本の戦争に疑問をもった木村は、その幹部候補生試験の受験を拒み通し、四年間一兵士の地位を貫いた点でも五十嵐にとっては、対極的で異質の強烈な存在であった。

つまり、①軍隊入営以前の青年期の二人の思想形成、②軍隊内での二人のあり方、③敗戦の時点でのアジア太平洋戦争認識と戦争責任論のすべてにおいて、五十嵐と木村はあまりにも対照的な存在であった。もちろん、木村久夫が同時代では傑出した稀有な存在であることは明白である。

五十嵐の偉大さは、自分と大きく異なる木村を例外的存在と見なさず、同世代に木村が実在したという事実をひたすら直視・凝視し、木村久夫の存在を媒介にして自分の過去を対象化し、戦前・戦中の自分を厳しく自己批判・自省していったのである。狭心症と胃ガンと闘いながらの七〇代の五年余の晩年の五十嵐は、アルバムに「頑張っている私。当分死ねない故に死なない私」と書き込み、木村の遺稿とひたすら格闘したのである。

一九一六年生まれの五十嵐は、二歳年下の木村が「マルクス主義思想残光期」の学生らしく（この世代には、時流に流されなかった都留重人、藤岡明義、小田切秀雄、林克也、大内力、水田洋らが存在する）、マルクス主義思想による「自覚した人間」としての「感激ある生」を始めていた事実を知ることによって、五十嵐は、当時の自分が同世代の圧倒的主流の軍国主義青年であった事実を、時代と社会と教育のせいでやむを得なかった、避けられなかった、と自己弁護出来ないことを否応なく認識した。

そして五十嵐は、自分がそういう青年につくられたこと自体が自分の戦争責任であるという自覚をもって、なぜ自分がそういう青年に形成されたのかを解明するために、b の論稿において、「私たちは一九三〇年代の教養の名によって日本国家にたいしてどのような知的理解を養いつつあった」のかという課題の探求に向かった。その探求は、木村久夫の獄中での「孤立無援の戦いの唯一の武器」であった田辺元『哲学通論』（木村の『わだつみ』の遺稿は、同書の余白に書きこまれた）の批判的考察にも向かい、木村に教えられた五十嵐は逆に彼をのり越え、木村に「君はその唯一の武器（『哲学通論』）を知りつくしていたのでしょうか」と問い返すのである。

「人格の国はただ国家なる歴史的社会を通じて始めて実現せられるものとなる」と説く田辺元『哲学通論』における「国家の概念」が、韓国強制併合の「一九一〇年いらいの正に他民族侵略にしみこんでいる歴史的社会的な現実を十分に視野に入れての構成であったのかどうかを、君は考えられたのでしょうか。」と木村に問いかけて、五十嵐は、田辺哲学自体の戦犯性、戦争責任を告発するのである。

同様にして五十嵐は、その国家観に影響を受けた和辻哲郎倫理学についても、C の論稿において、一九四二年刊の『倫理学中巻』が「人格は国家の成員たることに於てその人倫的意義を充実するのである」と書いていたとして、その戦争責任を告発しているのである。

木村久夫が選択した幹部候補生試験拒否という行為に即して、戦争責任問題をしばらく考察しよう。

「幹候」忌避を（前向きに）評価すると、幹候を選んだ「学徒兵」体験者から強い反発が出される。学徒兵が幹候になることによって地獄の初年兵生活から脱出できるという「特典」が、他方で長い服務年限につながる側面があったことから、戦争への批判的意識などは無くても幹候を忌避した者がむしろ多くいた、と主張するのである。つまり、そういう学徒兵は、国家の当然の負託に応えるよりも自分の命と人生を優先しようとした「卑怯者」であるというニュアンスである。

きびしい問題であることは承知で、あえて言おう。

そういう青年は、軍国主義・国家主義の時代の価値観につくられ、マインドコントロールされっぱなしにならなかった稀有な青年であり、むしろ自分を失わなかった青年である。国家の負託よりも自分の生命と人生を優先する者が卑怯者ならば、日本では「卑怯者の思想」（本書冒頭のなかにし礼の詩を想起してほしい）をこそ創出し根づかせる必要があるのではないか。

抗命と戦争責任論

『わだつみ』に遺稿を書き残した学徒兵が、そろって「死のたやすくして、生き抜くの難きを思う。」(和田稔)、「やはり死ぬことよりも生きることの方が難しい」(佐々木八郎)、「生きる事が死ぬことであり、死ぬ事が生きる事である。」(中村徳郎)という認識をもっていた状況の中では、「生命をこめて(軍務を)怠けているものは生命なしに勉強しているものより偉大な仕事をしているのだ。」と書いた松永茂雄の思想こそを、日本の「良心的兵役拒否・軍務拒否」思想の先駆として、むしろおし出していくべきであろう。

もっと極限状況に即して、問題を考えてみよう。

「上官の命を承《うけたまわ》ること実は直に朕が命を承る義なりと心得よ」という「軍人勅諭」が支配し、美濃部達吉『行政法提要』でも「たとい上官の命令が違法不当なものであっても、下級軍人はこれに従うほかない」というのが帝国憲法下の学説・判例であった。しかしそれは国内法の解釈に過ぎず、家永三郎『戦争責任』も指摘している通り、それは国際的に通用する法理ではないのである。

中国戦線で初年兵教育の一環として、中国人捕虜の刺殺(「度胸だめし」の殺人演習)をさせた事実は、ひろく知られている。初年兵が上官の刺殺命令を受け入れるかどうかという困難な状況を考えてみよう。

推測では、日本の兵士の九九%以上がその命令を受け入れた。しかし、その命令を拒んだ稀有な兵士が実在する。その体験が渡部良三『歌集・小さな抵抗』（シャローム図書、一九九四年。岩波現代文庫、二〇一一年）である。同書は、一九四四年春、河北省深県東巍家橋鎮で、四八名の新兵が五名の中国共産党第八路軍の捕虜を刺殺した時に、

縛らるる捕虜も殺せぬ意気地なし国賊なりとつばをあびさる

反戦は父に誓いしひとすじぞ御旨のままをしかと踏む可し

鳴りとよむ大いなる者の声きこゆ「虐殺こばめ生命を賭けよ」

というキリスト信仰によって「敵前抗命」して、ただ一人それを拒んだ体験を歌ったものので、渡部は戦後、それを軍服に縫い込めて持ち帰ったものである。

当然ながら、以後、彼は「一切の資格が剥奪され」「（危険思想の持ち主という）赤付箋付きの兵隊」「要注意人物」とされ、「徹底した差別」と「人知で考え得る殆どの私刑を経験」した。しかしながら渡部は、

死ぬものかリンチを受けて果てんには小さき生命も軽からぬなり

と自らを励まし続け、

生きのびよ獣にならず生きて帰れこの酷きこと言い伝うべく

の初志を達成したのである。

渡部の敵前抗命が超例外的な事例であったとしても、一人でも例外があり得たということは、他の九九％以上の者は、上官に服命した方が有利と打算して行動したことになり、その行動に責任を問われるのは当然となる。

上官への服命は無罪というのは、日本軍内部でしか通用しない論理である。そのことを端的に示しているのが、撫順戦犯管理所関係者の証言（一四六頁参照）と、「ベルリンの壁」の東独国境警備兵への判決文である。前者は、「戦争には組織者と命令者と実行者が必要であり、私は実行者の一人として、マルタを七三一部隊に届けた責任がある」という証言であり、後者は、「上からの指示で人の命を奪う状況に直面した場合、良心を放棄することは、二〇世紀も終わりを迎えた今、もはや許されない」という東独国境警備兵への「人道に反する罪」の判決である。

五十嵐顕の認罪と戦争責任論の深まり

木村久夫が日本の「無理非道」と「全日本国民の遠い責任」を指摘した点において『わだつみ』の筆者中でも傑出した存在と書いていることからも、五十嵐が、木村久夫の戦争責任論に大きな影響を受けたことが推測出来よう。五十嵐は、bの論稿において、木村がチャンギーの刑務所で苦しんでいた同じ時期に、戦時捕虜として熱帯の孤島で生活していたが、当時の自分は、「日本がこれまであえてして来た無理非道」と、「全日本国民の遠い責任」にはまったく無自覚であったことを告白して、彼は木村久夫に脱帽するのである。

五十嵐は、同じ論稿において、木村のいう「日本の無理非道」を太平洋戦争開始の「一九四一年一二月以降の時期に限ってはならない」として、「一九一〇年（韓国強制併合）および三一年（満州事変）を画期とするアジアの二民族に加えた無理非道」にまで拡大するように主張するようになった。加えてCの論稿において五十嵐は、（福沢諭吉の「強兵富国」のアジア侵略路線を「我日本帝国ヲシテ強盗国ニ変ゼシメント謀ル」道のりと批判し、その侵略路線は「不可救ノ災禍ヲ将来ニ遺サン事必セリ」と適切に批判・予告した同時代の）吉岡弘毅、（帝国主義外交を批判し植民地の放棄を主張した）石橋湛山、柳宗悦、吉野作造、矢内原忠雄らの名前を挙げて、侵略戦争への道のりが近代日本の必然の道のりではなかったことを示唆するようになった。

さらに五十嵐は、ドイツのミッチャーリッヒ夫妻の『悲しむ力の喪失』（河出書房新社、一九八四年）に学び、急逝した当日の対話集会の席では、高校生に向かって、ドイツ人がホロコースト（ユダヤ人大量虐殺）に関わった人は親しい人でも告発し証言台に立つことを紹介し、「日本人は同じことが出来ますか？」と問いかけたように、木村久夫との思想的格闘を通して、五十嵐は、きびしい戦争責任論を確立しつつあった。

私がこうした五十嵐に共感するのは、丸山眞男と異なり、彼の戦争責任論の探求が自らの犯した誤りの認識・告白と並行して進められたことである。遅まきながら、高校生との対話集会で侵略戦争を積極的に担った事実を初めて公の席で告白し、敗戦の時点でその責任と対決しないまま、戦後、民主主義や社会主義のために奮闘してきたこと自体も誤りであると、彼が自認したことは既述した。

その戦後の活躍の一環として、有能な五十嵐は、ソビエト教育研究会の事務局長・会長として、マルクス主義教育学の紹介・普及にリーダー的な役割を果たした。その五十嵐が「社会主義」体制の崩壊に遭遇した晩年の書簡（仲田陽一・藤沢和恵宛—『五十嵐顕追悼集』）において、「ただ人民の名をつかいつつ人間を統制し、支配してきた東独やソビエト」の社会と教育を賛美し、「その国の人民の立場に立ってみれば敵対物でしかないような（社会主義）国家を、良いもののように評価」してきた自分の「あやまち」「間違い」についても表明した。

さらにまた、荒井明夫（大東文化大学教員）宛の最晩年の書簡（一九九五年五月、同右書）では、戦後日本の戦争責任未決済を象徴する日本軍性奴隷問題にも論及し、五十嵐は、

教育学は人間を考えるので、日本人（総体）を問題にしないのでしょうが、（性奴隷とされた）朝鮮人女性にたいするはずかしめの罪を日本と日本人が認めるほどの能力・力量・倫理感がないことが明白である今日、一体日本の（戦後民主主義）教育、日本人の人間形成をどう考えたらいいのでしょうか

と書き、「私は教育学者だったほぼ三〇年の私の履歴を恥じるばかりです」と続けた。日本政府と日本人が日本軍性奴隷の戦争責任問題を未だに解決できないでいる事態は、戦後日本の「平和と民主主義の教育」が、その問題を解決できるだけの戦争責任意識や倫理観をもった日本国民の「人間形成」に成功しなかったからである、と五十嵐は理解して、それを教育学者だった自らの「戦後責任」であると深刻に受けとめているのである。

「わだつみ世代」学徒兵の戦争責任

一般的に人間の思想や行動を世代や階層で括ることに無理のあることは明らかである。しかし、アジア太平洋戦争期のように、きびしい言論統制と治安体制のもとで、戦争とファシズムにむけて国をあげて急激に変転していく閉ざされた時代状況のもとでは、人間の世代論的考察に一定の有効性が成立する。左記は、私が『十五年戦争と教育』（新日本出版社、一九八六年）で『わだつみ』所収の戦没学生の遺稿分析のためにこころみた世代区分である。

前わだつみ世代・マルクス主義思想残光期（一九〇八～一九年生まれ）
わだつみ世代・自由主義思想残光期（一九二〇～二二年生まれ）
わだつみ世代・自由主義思想消滅期（一九二三～二五年生まれ）
少年兵・学徒動員世代（一九二六～二九年生まれ）
少国民・学童疎開世代（一九三〇～三六年生まれ）

家永三郎も指摘するように、「たった十年そこそこで」（旧制）高校生の思想は大きく変化させられた。時代や社会に批判的な意識をもち社会変革の運動に参加する学生もいた「前わだつみ世代」は、一九二六年の京都学連事件（学生運動弾圧のため、京都帝大の社研学生たちを検挙して、初めて治安維持法を適用した）に始まり、三一、三二年をピークとする学生思想運動へのきびしい弾圧にさらされ、三三年の京都大学滝川事件（滝川幸辰京大教授の自由主義的法学を危険思想として、京大法学部全教官の辞表提出の抗議を退け、鳩山一郎文相が滝川の休職処分を発令した）、三五年の天皇機関説事件（定説化していた美濃部達吉の大日本帝国憲法の解釈学説が不敬・「国体への謀反」などと攻撃され、三著作が発禁処分となり、美濃部は貴族院議員の辞表提出を余儀なくされた）によって、ほぼ息の根を止められた。

名古屋大学の前身になる第八高等学校の場合では、（共産主義）思想運動を担った「前わだつみ世代」の都留重人らは一九三〇年に退学処分にされ、三三年の京都大学滝川事件の渦中に八高を訪れ特別講演をした鳩山一郎文相に向かって、「鳩山さん、恥を知れ！」とやじる覇気を示した八高生も、三七年の南京陥落祝賀の「熱田神宮武装参拝」をサボった二二名が「行進忌避事件」で処分をうけるに及んでほぼ息の根を止められた。そして以後の一〇年たらずの期間の時代と社会と八高教育によるマイナスの思想形成・マインドコントロールによって、八高生は「面目一新」し、その思想的「変貌は……空前絶後」と称賛される惨めな学生に変えられていったのである（安川『日本の近代化と戦争責任』明石書店、一九九七年）。

「前わだつみ世代」には、「わだつみ世代」学生に対比して、徴兵忌避・兵役拒否、幹候の忌避、「戦陣訓」に背いての自発的投降などの形で戦争に背を向けた学徒兵が相対的に多くいたことは事実である。また『わだつみ』の中で、アジアへの加害をそれなりに意識している例外的な少数の学徒兵の八割は「前わだつみ世代」である。

つまり、時代の順を追って、日本の学生のアジア認識は後退し歪められていったことにより、「わだつみ世代」学徒兵は、加害者意識と戦争責任意識を欠如した青年につくられていったのである。この事実について、高校生の思想を「空前絶後」に変貌させた教員により大きな戦争責任のあることは明らかである。

しかしながら、つくられた自分は同時につくった自分でもあるとして、渡辺清が「そのように欺された自分自身に対してまず責任があるのではないか」と自責したように、八高生は、戦後、八高の教員を「戦争の真の意味のひとかけらでも教えてくれる先生があったら……」と恨み責めるとともに、どんなに辛くても五十嵐同様に、旧制高校生にもなりながら「あの何も知らなかった私」自身の責任、歴史と社会の担い手としての自己責任を問い詰めなければならないのである。

五十嵐のdの論稿は、取り寄せたイギリス軍事法廷の議事録を読み解き、「私は何ら死に値する悪をしたことはない。」という木村久夫の主張の考察が中心になっている。木村久夫に惚れこみ敬意さえ抱いていた五十嵐のことであるから、「上級者たる将校連より法廷において真実の陳述をなすことを厳禁せられ」ていたBC級戦犯としての木村の無実を解明したいという問題意識があった、と十分考えられよう。

ところが、論稿の結びは予想外の展開となっていた。「木村が……島民の生活伝統にもとづく要求がどのようにとりあげられたのかを知っていないことに気がつきました。」という五十嵐の文意は理解が困難であるが、侵略されたアジア人民の視座をもちえなかったかつての自分に当時の木村をオーバーラップさせて、敬愛する木村久夫と一九三〇年代の日本の教養の限界を示唆したものと推測する。

木村久夫との思想的苦闘を通して五十嵐顕がたどりついたきびしい戦争責任論を、私たちはどう受け継ぐのか？

それを模索するための一つの便法として、「国賊」の「敵前抗命」を敢行し、胸内の「反戦の火を燃や」しつづけ、自らを「獣にならず生きて帰れ」と励まし続けた、五十嵐の責任論に通底する「日本帝国陸軍二等兵」渡部良三の『わだつみ』の評価を聞いてみよう。

私はこれを一九五一年頃に読んだと記憶する。これを読み大きい失望と少なからぬ焦立ちと言い知れぬ慙愧《ざんき》の念にかられた。そしてこれは何なのだ、と思わざるを得なかった。……自分の向う側には、自分に劣らぬ、いや時にそれ以上の傷みと悲しみとを、自分を含む日本民族によって与えられ、時には自分自身によって与えつつあるであろう、被侵略国の何億もの民族が存在する事に思いが致されていない!! これは日本民族の悲劇だと思わざるを得なかった。自分の傷み悲しみ苦しみは縷々限りなく綴るが、侵略を受けている人々への立場がゼロなのだ!!……私は爾来《じらい》この種のものに一切手をふれないことにした。

「わだつみ世代」学徒兵は、常識的には「加害者たらしめられた被害者」（わだつみ会「九四・八・一五声明」）である。しかしこの把握では、学徒兵は「被害者」であった側面に明らかにウエイトがかかっている。これに対して藤本治（元わだつみ会副理事長）は、学徒兵が時代と社会と教育によってつくられた被害者や、国家主義・軍国主義時代の「犠牲者になることによって加害者になった」、「体制の被害者になる、……ということで、加害者になっている」という側面を重視する。

つまり、私たち日本人が五十嵐顕や渡部良三の声に耳を傾け、アジアの民衆と真に連帯し、日本国憲法前文が求めた時代と社会と学習＝教育の主体的な担い手としての自己責任意識を自覚する主権者＝日本国民に進み出るためには、どんなに困難でも、「加害者たらしめられた被害者」ではなく、時代・社会・教育の被害者「犠牲者になることによって加害者になったという構造」を正面から見据える主体へと自己を変革していかなければならないのである。

戦争責任を問うことは、「わだつみ世代」学徒兵の過去を告発・糾弾することではない。人間には過去の修正は出来ないことである。過去の探求・探索は、あくまで私たち自身が現在と未来をどう生きるかの探索であり、戦争責任を問いかけることは、人間が時代や社会の常識に流されっぱなしにならず、時代に流されずに生きることで、時代と社会と教育を主体的に担う人間としての自己責任をはたすという、絶望的なまでに困難な道を必死になって模索する営為《えいい》である。それはそのまま、今現在の私たちの姿勢と生き方（戦後責任・未来責任）の是非に跳ね返り、それを問い直すきびしい道のりなのである。

佐貫浩（法政大学名誉教授）宛ての一九九四年一〇月の書簡（前掲『追悼集』）で、五十嵐顕は、

日本の思想にもっとも欠けているものは、良心にしたがって立ちあがる抵抗の精神です。

と書いた。これは、翌年末の〈アジアに対する日本の戦争責任を問う民衆法廷〉判決の結語「私たちは、国家の不条理な命令、指示、指導に抗し、従わず、協力しない「不服従」「抗命」の権利と義務が、基本的人権の一つであることをここに宣言する」の精神の見事な先

取りである。

またこれは、五十嵐が、人間の主体的存在や主体性・能動性を無視・軽視する基底体制還元論と蔑まれるマルクス主義の「史的唯物論」の限界をこえて、「人間は環境と教育の所産であり、……環境そのものがまさに人間によってこそ変えられる」というマルクスの変革する人間の主体性、能動性を最大限に主張する思想的境地に到達したものであり、彼の「抵抗の精神」は、自らの所属する家庭、職場、組合、「前衛政党」などにも当然向けられたもの、と私は読みこむのである。

4 「良心的兵役拒否者」が極端に少ない日本人

「訓練された政治的白痴」とは何か

『学問のすすめ』の「天は人の上に……」の冒頭句と『すすめ』の内容が思想的に乖離している重要な事実を先駆的に指摘した哲学者・小松茂夫（学習院大学教授）は、「ファシズム期における日本軍国主義と一般国民の意識」（『思想』一九五八年八・九月、『権力と自由』勁草書房、七〇年所収）において、日本ファシズム期を生きた二四人の一般国民の聞取り調査（生活歴・思想歴）に基づき、当時の日本国民が身につけることを余儀なくされていた軍国主義意識を、以下のように見事に解明した。

「暗い昭和」期の日本人男性は、労働者・農民だけでなく（帝国大学卒の）知識人までが、徴兵制の召集令状一枚によって、自己の生命と人生をいかようにも左右される、そういう惨めな「国民国家」に生きていたにもかかわらず、むしろだからこそ、そういう巨大な力をもつ〈国家〉とは一体なにか、国家はなんのために創られ、いかなる原因や理由によって存在・存続しているのかという、「〈国家〉の本質、起源、存在理由」への「問いは、ひとびとの意識の上に、絶えて浮ば」なかった。

その帰結について、小松茂夫は（差別語を使って）「多年にわたる軍国主義支配の所産に他ならぬところの訓練された政治的白痴、ただそれのみである」と結論付けている。

同じ時代、欧米諸国では、日独伊のファシズム枢軸三国の打倒という「大義名分」をもち得た第二次世界大戦の連合軍の側にあって、国家に反逆して苦難の「良心的兵役拒否」のたたかいを選択して、アメリカで一万六〇〇〇人、（第一次大戦時より四倍近くになった）イギリスでは五万九〇〇〇人もの国民が、徴兵制による兵役参加を拒否して、獄中生活をしていた（カナダは一万人余。ドイツでも一九三三年当時、二万近い「エホバの証人」が存在。時代は異なるが、二〇〇三年五月現在、韓国の刑務所には、約一四〇〇人の「エホバの証人」中心の良心的兵役拒否者が収監中）。

対する日本では、侵略戦争を遂行する側の枢軸国であったが、小松茂夫のいう「訓練された政治的白痴」状況に置かれていた日本人では、後述するように、「良心的兵役拒否」

に類する行動を選んだ三国連太郎のような人間は数名にすぎなかった。同じ時代に欧米と日本では、「良心的兵役拒否」をめぐって数万名対数名という巨大な格差が存在した。

同じ問題は、第二次大戦において無念の死を余儀なくされたドイツ・イタリアの青年が書き残した遺書と日本の青年の遺書の巨大な違いという刻印も残した。二〇〇万部のベストセラー・日本戦没学生記念会『きけわだつみのこえ』(初版は東大協同組合出版部、一九四九年。岩波文庫、一九八二年)は、学業半ばで「学徒出陣」を余儀なくされた日本の少数の学徒兵が、最後まで鋭敏な精神と明晰な知性を失うまいと必死に努めていたことを示す貴重な記録である。しかし『わだつみ』の遺稿の筆者をふくめて多くの一般学生は、不義・不当・無謀の侵略戦争を「聖戦」と教えこまれ、「八紘一宇《はっこういちう》(全世界を天皇の治める一つの国にすること)の民族理念」や「尊厳なる皇室」を信じ、その生命を「神州不滅」の祖国に「捧げ」ることに疑問をもつことが出来なかった(初版の小田切秀雄の解題)。

その日本の青春の稚《おさ》なさは、同時代の枢軸国のイタリア青年がドイツ打倒のパルチザンの戦いに参加して『イタリア抵抗運動の遺書』(冨山房百科文庫、一九八三年)を残し、ドイツの学生がヒトラー打倒の反ナチ「白バラ」抵抗運動に参加して『白薔薇は散らず』(未来社、一九五五年)などを書き残した事実との対比で、おのずと明らかになる。自身「わだつみ世代」であった色川大吉が戦後、『わだつみ』を何度読んでも「天皇とか天皇制に対する批判や疑問、……国家そのものに対する言及がまずほとんどない」という（小松茂夫のいう「訓練された政治的白痴」と共通する）問題である。

「良心的兵役拒否」は、自らの宗教的信条や市民的信念・ヒューマニズム思想にもとづいて、徴兵制に背いて戦争参加を拒むことであり、まるごと国家に反逆する行為である。「良心的軍務拒否」は、徴兵制・志願兵制にかかわりなく、国家や上官の命令や指示に背いて、殺人の軍事訓練そのものを拒んだり、イスラエル兵士がパレスチナ占領の軍務への出動を拒んだり、イラク戦争に動員されているアメリカ兵が一時帰国の後、（侵略戦争の）軍務への復帰を拒んだり逃亡をはかる行為である。

それは、人類が戦争を克服・廃棄するという極めて困難な課題に風穴をあける、第一次大戦以来の世界の貴重な思想と運動である。

対する日本は、（原爆投下出現以前に採択された）一九四五年「国連憲章」がなお「武力による平和維持」の例外規定を残したのに対して、その例外さえ否定した戦争放棄という世界に誇る（原爆投下後に生まれた）「日本国憲法」第九条を持つことになり、現在七五〇〇を超す「九条の会」が全国で組織されている。

ところが、その日本では、私が三〇年近く今も続けている戦争認識・歴史認識にかかわる大学生アンケート調査結果では、第一次世界大戦以来の貴重な世界的な「良心的兵役拒否・軍務拒否」の思想と運動をほとんど（ほぼ一貫して九割以上が）教えられていない残念な現状にある。

また、「九条の会」会員をふくむ成人の場合も、欧米諸国と対比してアジア太平洋戦争期に「良心的兵役拒否」を敢行した国民が皆無に近いという前記の歴史とかかわり、憲法第九条の理念に相応しいこの思想と運動はひろく知られていない。

「良心的兵役拒否・軍務拒否」の思想と運動

第二次世界大戦で最多の兵役拒否者をだしたイギリスの場合で見ると、「良心的兵役拒否」は、クエイカー、メノナイド、ブレズレン、ドゥホボール等の「キリスト教平和主義」諸派の宗教者の、宗教的信条にもとづく良心的兵役忌避・拒否から始まっている。しかし、第一次世界大戦期の一万六〇〇〇人の兵役忌避・拒否者の四分の三は、資本主義の金儲けのために戦うのはゴメンだという独立労働党員を中心とする社会主義者である。彼らは敵対国の労働者に対する人間的な同胞愛や連帯感を失わず、帝国主義戦争の本質を見抜いて戦争に反対した。つまり、「良心的兵役拒否」の思想と運動は、宗教的信条から、次第に社会主義思想やヒューマニズム精神にもとづくそれへと、拡がり発展してきた。

徴兵忌避団の全国委員となり、良心的兵役忌避運動の先頭にたったイギリスの哲学者バートランド・ラッセルは、

　信念によって奮い立ち恐怖の支配から解放された人びとは無敵である。人間にひそむ一番気高いものは精神力であって、それがあれば己れの正義感の命ずるままに全世界が相手でも毅然と踏みとどまることができるのだ。（D・ボウルトン『異議却下』未来社、一九九二年）

と書いている。

日本の場合も最初の「良心的兵役拒否」者は宗教者で、セブンスデー・アドベンティスト教会の矢部喜好（鈴木範久『最初の良心的兵役拒否』教文館、一九九六年）は、日露戦争

最中の一九〇五年一月に自らの宗教的信条にもとづき徴兵を拒否して、軽禁固二カ月の判決をうけ収監された（翌年、北米に留学し、帰国後は伝道師として活躍）。

アジア太平洋戦争期の「良心的軍務拒否」者として有名なのは、稲垣真美『兵役を拒否した日本人』（岩波新書、一九七一年）で知られた、アメリカに本部をもつ無教会派の灯台社日本支部の明石真人、村本一生、三浦忠治の行動がある。自身は兵役を拒否できなかった著者の稲垣は、灯台社のたたかいについて、「孤独な人間はなにもなし得ないどころではなく、……ほかならぬ個人こそもっとも自由な立場で闘い得るものであり、じつは孤独な個人の確信乃至内面の自由のなかにこそ、国家の一見巨大にみえる権力をもってしても冒し得ない、抵抗の核があったのではあるまいか。」と書いている。

同じ第二次大戦中に連合国側のイギリスで約六万、アメリカで二万近い市民が「良心的兵役拒否」によって牢獄の生活を選んでいた事実に対比すると、侵略戦争を遂行していた側の日本において、同様の行動を選んだ日本人は皆無に近いほどの稀有な存在であった。明治以来、夏目漱石（二六歳の時、徴兵制が施行されていなかった北海道に戸籍を移して「徴兵逃れ」をした）のように、「良心的兵役・軍務拒否」とは異なる合法・非合法の徴兵忌避を選んだ者は少なくない。非合法の徴兵忌避で多かったのは、徴兵検査を受けずに逃亡し所在不明となる者と、徴兵検査に合格しないための詐病・自傷者である（絶食、検査前に醤油を大量に飲む者、銃を撃つための指を自ら損傷する者など）。

イラク派遣命令を拒否したエーレン・ワタダ米陸軍中尉は実質勝訴し、間接的なイラク戦争協力を拒否したドイツのパフ少佐も無罪判決となった（市川ひろみ「抗命する義務」『わだつみのこえ』二〇〇九年一一月号）。このように、「良心的兵役・軍務拒否」は、二一世紀の現代の問題である。

また、二〇〇八年四月の「自衛隊派遣は違憲」の画期的な名古屋高裁判決（二〇一八年四月一三日『中日』は、この時の裁判長だった青山邦夫が、現在は弁護士として「南スーダンPKO派遣差し止め訴訟」の弁護団に参加し、安保法反対のデモにも参加している消息を伝え、「イラク派遣違憲判決一〇年・元裁判長が語る九条」を特集した）は、渡辺久丸『兵役拒否の人権化は世界の流れ』（文理閣、二〇〇九年）が強調するように、「平和的生存権」をすべての基本的人権の基礎の「基底的権利」と初めて認めたうえで、「憲法九条に違反する戦争の遂行等への加担・協力を強制される」場合に、裁判所に「当該違憲行為の差止請求や損害賠償請求等の……救済」を求められるとした。

この場合は、日本政府の暴走によって参戦を強いられる可能性をもつ日本の自衛隊員の未来にとって、日本でも「良心的兵役拒否」「良心的軍務拒否」を敢行する基本的人権の憲法的な根拠が開けたことを意味する。

既述したように、丸山眞男も、アジア太平洋戦争期には、東京大学助教授として、『わだつみ』で知られる学徒兵たちに向かって、学生新聞において「一人一人が主体的に祖国の運命を担う。」ことを求めた。ところが、同じ時代に、被差別部落に生まれ育った佐藤政雄（芸名・三国連太郎）は、自らの被差別体験ゆえに、権力者の求める「愛国心」の欺瞞を見抜き、徴兵を忌避して北九州から国外脱出を図った。残念ながら、佐藤政雄は「息子を売った」母親の密告で、国外脱出寸前に逮捕・投獄され、中国戦線で死んでくるように送り出されたが、その後も佐藤政雄は「二年間、鉄砲に一発も弾を込めず一等兵で敗戦を迎えた」のである。

世代も学歴も階層も異なる佐藤政雄を、私が丸山眞男の侵略戦争加担に対置することに疑問・反発を感じる「丸山ファン」のために、丸山と世代・学歴が同じ北御門二郎（東京帝大英文科入学）を紹介しよう。

（独学のロシア語で）トルストイの「絶対平和の理念」に学んだ北御門は、「最悪の場合は銃殺刑」を覚悟しながら、「人殺しに加わるよりも、殺される」殉教者、つまり「良心的兵役拒否」を選んだ。丸山が法学部助手に就職した一九三七年の同じ時期の日記に、北御門二郎は「我々は全て世界の市民、……唯一の肩書きは「人間」なのだ。……その我々を争わせ、虐殺ごっこを演ぜしめるのは、……民衆を己の利己的目的に駆使せんとする支配者、権力者……我等が闘うべきは、それらの人々なのである。彼等に武器を向けよ、愛と非服従の武器を！」と書いた。

自身の「身体毀損作戦」によって兵役を忌避した者は別として、直接国家に反逆あるいは対峙して「良心的兵役拒否」に類する行動を敢行した日本人の存在を熱心に探索してきたが、目下のところ私の知り得た日本人は、三国連太郎、北御門二郎（北御門二郎・澤地久枝『トルストイの涙』青風舎、二〇一四年）と農民作家・山田多賀市（死亡診断書の偽造で徴兵を忌避し、米軍による甲府市役所の空襲・炎上に助けられて生き残った山田は、憲法九条が制定された戦後も、「まだ日本が信じられない」という理由で戸籍を復活しなかった。―三島利徳『安曇野を去った男』人文書館、二〇一六年）の三人程度である。逆に、せっかく徴兵検査に不合格になりながら、血書を認《したた》めまでして入隊した過剰集団同調の人物は、佐藤政雄と同じ被差別部落出身の青年を含めて、かなりの数になる。

西ドイツは、徴兵制を復活した際に、憲法に「何人も、その良心に反して、武器をもってする戦争の役務を強制されてはならない。」の「良心的兵役拒否」を規定した。宮田光雄『非武装国民抵抗の思想』(岩波新書、一九七二年)によると、その良心的兵役拒否者の数は、一九五六年の徴兵制の導入時に三〇%程度になるかと推定されていたが、実際はほぼ一%程度にとどまり(初めの二年間は二五〇〇件のみの申請)、永い間安定していた。むしろ一九六〇年代前半においては、次第に退潮化傾向さえ示しており、拒否者は圧倒的多数をキリスト教的な平和主義者が占めていた(六七年までの申請数は六〇〇〇件以下)。

ところが一九六八年、学生運動とベトナム反戦運動の影響から急激にその数を増した西ドイツの兵役拒否は、新しい質的転換をもたらした。兵役拒否の申請者は、六〇年の五四三九名から六四年には最低の二七七七名にまで下がっていたのが、六八年には一万二〇〇〇名(比率五%余)、七〇年には約二万名となり、七一年には三万名を超すものと予想されている。七七年に兵役拒否の適否の審査制度が一度中止され、ハガキ一枚の意志表示となるが、八四年にまた書面による審査制度が復活し、九〇年代には申請者の三分の二に追加書類による審査を課したが、その後、審査における兵役拒否の認定率が九五％となり、壁はほとんどなくなった。

一九九〇年に東西両ドイツが統一し、九一年に申請が前年の二倍の一五万件にのぼったのは、湾岸戦争の影響である。九六年五月五日の「独国防軍／若者離れに苦戦／三割が兵役拒否」という『朝日新聞』の記事は、三割の青年が憲法の規定による良心的兵役拒否によって、軍務ではなく、代替業務としての老人介護などの社会奉仕を選んだことを意味する記事である。その後、一〇カ月の人殺し訓練の軍務よりも一三カ月の代替業務を選ぶ青年は当然ながら急速に増加し、九九年には徴兵制応募者一一万二〇〇〇人にたいして、良心的兵役拒否選択者一七万四〇〇〇人となっており、ドイツ青年の六〇・八％が「良心的兵役拒否」を選択する時代を迎えている（イタリアでは、二〇〇〇年三月現在で、兵役拒否者は徴兵対象者の三分の一に及んでおり、〇六年までに徴兵制の凍結が決定―稲垣真美『良心的兵役拒否の潮流』社会批評社、二〇〇二年）。

一九九一年の冷戦の終結もあって、徴兵制の廃止は世界的な趨勢となり、ヨーロッパでは、フランス、イタリア、英国、オランダ、ベルギー、スペイン、ポルトガルなどが徴兵制を廃止し、旧東欧諸国でも、二〇〇四年のEU加盟後に相次いで廃止され、ドイツも一一年に廃止した。

自民党の憲法改正草案で、首相の「国家非常事態命令」の権限と国民の「国家を防衛する義務」を規定したこともあり、日本における徴兵制復活の可能性を危惧する声もある。しかし、徴兵制によって国民に殺人を強要することはもともと無理なことであり、二度の世界大戦による大量虐殺の総力戦を経験した人類は、無人機に象徴されるハイテク兵器の登場もあり、ようやく徴兵制の無理・非道・不要に気づき、全体としてその廃止の方向に進んでいる。このような世界的な徴兵制廃止の趨勢は、人類が戦争を廃絶・克服するというジョン・レノンとオノ・ヨーコの名曲「イマジン」の世界が夢想や妄想でない可能性を示唆している。

二〇一八年八月二三日の『朝日』の記事によると、韓国の憲法裁判所（韓国憲法に定められた独立機関で、大統領らの弾劾のほか、法律が違憲かどうかを審判する機関）が六月に、代替服務を認めずに兵役拒否者を「三年以下の懲役」に処する現行の兵役法は「良心の自由を侵害する」との画期的な判決を出したことを受けて、韓国政府は、一八年の八月中に、宗教や思想・信条を理由として兵役を拒否する「良心的兵役拒否」を認め、消防署などで三六カ月間、代替服務させる内容の兵役法改正案を発表するとのことである。

憲法裁判所に次いで韓国の最高裁も同年一一月一日、多数意見（一三人中反対は四人）で従来の判断を覆して「刑事処罰などを通じて兵役義務の履行を強制することは良心の自由に対する過度な制限になる」と採決し、「エホバの証人」の原告への二審の有罪判決を破棄し、審理を高裁に差し戻した（一一月二日『中日』）。

八月の『朝日』記事によると、韓国でこれまでに投獄された兵役拒否者は約二万人で、現在も五〇〇人以上が収監中とのこと。また、現在、世界で徴兵制を施行している国は五九カ国であるが、欧州を中心に二〇カ国以上が「良心的兵役拒否」「良心的軍務拒否」の兵役拒否者の代替服務を認めているとのことである。

黄な粉

——一九八四年戦争に反対する
詩人の会より帰りて

きょうは父の日なりと人はいえど
なぜか母のことが想いだされ
この世にいませし日も
逝かれしあとにも
おのれが不実たりしを歎く心切なり
男の子にしてかかる気弱さよと
年少しげく励まされしをおもい
気をとりなおさんとして
行きて近くの店にて黄な粉を求めたるに
黄いなる色はすたれることなく
地味にしてなつかし

さて真白き砂糖をいくらか
まぶしいれしに
母の太き指につままれし塩の
あるかなきかに見えしを想い
われも親指と人差し指にて
わずかばかりの塩をつまみ入れ
甘さをしめくくりたり
ああ　かくのごとくにして
母のあんばいせし黄な粉をふりかけ
われらきょうだいうちそろいて
ご飯をたべし朝は幾多ありしか
ときたまに砂糖の小粒つぶれずして
黄な粉にひそみてありしが
はからずも口のなかにてとろけし時は
まことにえがたき仕合わせとて
この日はよきことあらんといい交わしたり
かく、ふるさとの吹けば飛ぶ軽き黄な粉をお
　もいしとき
ふと、目は新聞の重大なるニュースに釘づけ
　されたり

折しも紙面には中国侵略戦争時
日本国天皇の軍隊が猛毒のガスをつかい
中国の人民将兵多数を殺したること
あばかれたりと報ぜられたり
天皇の軍隊は住民の村村を焼きはらい
あまつさえ井戸に撤毒せしとあり
侵略戦争の悪逆無道きわまるところなきを
天道はゆるさず遂にあらわにしたるか
犯罪は兵士のいたずらにあらず
命令なり、上官の命より出でたるなり
しかして上官の命は朕《ちん》が命たりとは
天皇の綸言《リンゲン》なりせば
人道は猛毒虐殺の罪より天皇を除外せじ
されど、その時、そのところに
わが部隊の居合せて
ガス掛将校たりしわれに撤毒の命降りたりと
　せばいかん
われは抗命をつらぬき人道をまっとうしえしや

事は過ぎし日の過ぎしことと思われず
あらたなる戦慄をもって
母の言葉はよみがえりわれを打つなり
「無理に支那兵を殺すな、無理におのれを殺す
　な」といわれたるなり
わが部隊の出動にあたり　永遠の別れをさと
　られし母のことばなりき
あわれこれを忘れしことはなしといえども
その真意のいかにきびしく
その含意のいかに深きかを思わざること四十
　余年なり
思いても到らざること今日に及ぶなり
いま、世界の人民峻烈に平和を求めて苦闘し
　たまう
これ逝きて還るなき人の生ける悲願なり
戦に失われし命の悲しみは
歳をへていよいよあらたなり
一九八四年六月十日信州上田の

戦争に反対する詩人の会より帰りて
幼き日を想わす黄な粉を平穏にまぶしつつ
この日心奥ひそかに一事を期したるなり

骨

鰹節《かつおぶし》は
きれる鉋《かんな》をかけて粉にしたがいい
だし雑魚《じゃこ》も
ミキサーで粉末にしたがいい
ひたすら骨になるものをと
半身赴任約一四六〇日におよぶ
けなげなる朝のだしづくり
すこしは骨が丈夫になっただろうか
満十五歳になって迎えた正月早々
母はわたしにおこって
そんな骨なしに育てたおぼえがないと歎いた
年賀郵便仕分けの年の瀬のアルバイト代を
払うからと郵便局が云ってよこしたのに
なんだか気恥ずかしくためらっていた
せがれの不甲斐なさに心から母はおこった

十一時間の労働にたえ
わたしらを育てていたのに
染色会社の女工だった職業を
恥じてかくそうとした卑劣な日に
やがて母との合作だったわが身の命を
やすやすと奪う侵略戦争にさえ
内心の批判すらもてなかった
恥ずべき能なしの日がかさなった
南へ征った骨なしが還ってくるのを待てず
おこった人は骨になってしまっていた

今朝も鰹節をけずっている
たたき直す土性骨《どしょうぼね》が
すこしはできただろうか

II

戦争責任＝戦後責任論と「日の丸・君が代」強制問題

1　戦争責任の四位相

戦争責任に、重さと強さにおいて位相的な差異のあることは、自明の事実である。二〇〇〇万余をこすアジア諸国民の殺戮と三一〇万余の自国民の死をもたらしたアジア太平洋戦争期の侵略戦争と植民地支配の戦争責任については、

①最高責任者としての天皇裕仁を筆頭とする国家と支配者の責任

②国民を侵略戦争に動員する力をもち得たマスコミ、教育、司法、警察、宗教などの責任（マスコミや司法のあり方が、教育、警察、宗教などのあり方に影響力がある点において、責任の度合いがより大きいことが考えられる）、あわせて、七三一石井細菌戦部隊等に参

加した科学者・技術者・医師などの責任
③国民の期待や願望を組織する立場にある政党、労働組合、農民組合、全国水平社などの（侵略戦争を阻止できなかった結果責任と、戦争遂行と植民地支配に加担した）責任
④（だまされた）国民一般の責任

という、四層の戦争責任論が考えられよう。

支配者の戦争責任・戦後責任――天皇裕仁の責任を中心に

支配者の戦争責任としては、天皇裕仁を筆頭にして、旧軍上層部、政治的指導者、宮廷官僚（天皇の重臣）を中心とする高級官僚などの政治的支配者と、彼らを階級的に支えた独占資本家階級と、寄生地主階級の二大階級の責任が考えられよう。

敗戦の翌年五月の二五万人の食糧メーデーのプラカード「国体はゴジされたぞ、朕はタラフク食っているぞ、ナンジ人民飢えて死ね」の「不敬罪」裁判において、正木ひろし弁護士が提出した天皇制廃止の主張をふくむ最高裁上告趣意書の鋭い表現を借りるならば、

この支配者たちの戦争責任は、「天皇ヲ手品ノ種トシテ衣食スル階級」「民衆ノ家畜性ヲ喰物トスル野獣」「家畜的秩序維持ヲ職トスル番犬階級」の戦争責任と表現できよう。

丸山眞男が「典型的な市民的自由主義」者と誤解した福沢諭吉は、天皇制の本質を「愚民を籠絡する」欺術《ぎじゅつ》(馬鹿な国民をたぶらかすための騙しの政治装置―『帝室論』『全集』⑤)と見事に見抜き、明治日本にはその天皇制が必要と主張し、尊厳神聖な天皇制の構築と天皇制ナショナリズムの確立・普及に奮闘した。

神聖不可侵の「元首」にして、「陸海軍ヲ統帥」した「大元帥陛下」裕仁の明明白白な戦争責任は、裕仁の側近と天皇制信奉者の証言によって、簡単に確認できる。

敗戦時には天皇の戦犯免責のために進言・奮闘した天皇の「主席政治顧問」で、裕仁とは兄弟のように親密な関係にあった木戸幸一元内務大臣は、

今度の敗戦については何としても陛下に御責任あることとなれば、……講話条約の成立したる時……御退位被遊《あそばされる》が至当なりと思う。……若し如斯《かくのごとく》せざれば、皇室丈《だけ》が遂に責任をおとりにならぬことになり、永久の禍根となるにあらざるやを虞《おそ》れる。

(『木戸幸一日記』東京大学出版会、一九六六年)

と証言して、無責任天皇制のあり方が戦後日本社会にもたらす巨大な「禍根」と厄災を見事に予言していた。

東条英機元首相・陸軍大臣は、東京裁判で「陛下の御意思に反して、かれこれするということは、あり得ぬこと」と証言した（一週間後には、天皇免責の八百長証言に変える）。首相になると「天皇は平和主義者」「天空にさんと輝く太陽のような」存在と主張し、天皇制の信奉者となった中曽根康弘元首相も、ヒラの議員であったサンフランシスコ講和条約成立時には、衆院予算委員会において、天皇制を「確固不抜のものに護持する」ために、「天皇が御みずからの御意思で御退位あそばされる」ように勧めた。

一九四五年六月のギャラップ世論調査で、アメリカ国民の七割が天皇裕仁の処刑を含む処罰を要求し、天皇の処遇についての米政府の方針が未確定であった同年一〇月に、トルーマン大統領も「日本人民が自由な選挙で天皇の運命を決定する機会を与えられるのはいいこと」と語っていた。にもかかわらず、イタリア国民は（ヒトラー、ヒロヒトとならぶ「世界の三大巨悪」）ムッソリーニを自らの手で処刑し、四六年六月の国民投票でファシズムを支えてきた君主制を廃止し、国王一族を国外追放したのに、日本国民がそうすることはなかった（四五年一二月八日に、神田共立講堂で共産党ほか五団体主催の「戦争犯罪人追及人民大会」が開かれ、天皇を含む一〇〇〇人以上の戦犯名簿が発表された）。

敗戦時の日本国民の大半は、絶対主義天皇制の政治と天皇絶対の（マスコミを含む広義の）教育・意識形成によって、天皇の戦争責任追及や天皇制批判などは思いもよらないほど未熟な政治意識のもとに置かれていた。たとえば、戦後、天皇制への批判意識を確立するのに二年を要した『近代日本の精神構造』（岩波書店、一九六一年）の著者神島二郎の場合は、軍隊から東大法学部の学生に戻った後、四六年五月には、裕仁が責任意識から「天皇は自決するにちがいない。そうしたら、私はどうしよう。私は生きてはいられない」と思い悩み、翌年四月には「天皇を処刑しろというT君と私はなぐりあいのけんか」までした（安川『十五年戦争と教育』新日本出版社、二七八頁）。

その後、アメリカ占領軍の占領政策の都合上から、一九四六年一月一日の天皇の「人間宣言」などを経て、天皇裕仁の戦争責任は免責された。それは明らかな事実であり、天皇の戦争責任免責の主体はアメリカ占領軍であった。しかし私は、それを可能にした基本的原因は、小松茂夫が国民の聞き取り調査から「ファシズム期における日本軍国主義と一般国民の意識」を分析・解明して結論付けた「訓練された政治的白痴」としか言えない当時の日本人の未熟な政治意識をこそ、基本的な原因としておし出すべきと考えている。

五百旗頭《いおきべ》真《まこと》「元号で考える近代日本」（『毎日』二〇一八年二月一三日）によると、第一次大戦、第二次大戦を含む「二〇世紀の歴史にあって、君主のもとで戦争を始めて敗れた国は、日本以外すべて君主制が廃された。」とのことであり、私たちは天皇裕仁の戦争責任の免責が世界史的にも唯一の異例の出来事であることを、恥じる思いとともに、もっと広く認識する必要があろう。

日本国民の戦争責任・戦後責任

一九四五年八月一五日を境に（民衆にとって）新たな「長い物」「お上」となったアメリカ占領軍が、最高責任者の天皇裕仁の戦争責任を免責した占領政策は、新憲法前文冒頭が期待した、主権者日本国民の政治意識の成長に致命的なマイナスの影響を及ぼした。

四位相の責任論中の最高責任者の天皇裕仁に戦争責任がないなら、下位の②マスコミ、司法、教育、警察、宗教などと、③政党、労働組合、農民組合などの戦争責任を告発・追及する必要もない。いわんや、④徴兵制によって侵略軍の兵士になることを強制され、軍人勅諭「上官の命は……朕《ちん》が命」という（兵士の自発性や責任意識は不問の）絶対服命の軍隊組織内の指示・命令によって戦闘・殺戮に従事した一般兵士に戦争責任があるはずがない――という筋道で、戦後日本の社会では、国民一般の戦争責任・戦後責任意識への覚醒の道は、おおきく閉ざされた。

主権者日本国民の未熟な政治意識と占領軍の免責政策によって巨大な戦争責任を免責された天皇裕仁が、吐血を契機に病床に就いた一九八八年秋に目を移そう。「ヒロヒトが死の病床」にあって、その「残忍な（戦争）犯罪」を「罰せられずに死んで行くこと」は「悲しむべきこと」と書いたイギリス紙の社説や、「天皇は戦犯リスト六二人のトップだった」と指摘したオーストラリア紙に代表されるように、天皇死去の「Xデー」を前にしたフランス、西独、イタリア、オランダ、韓国、中国など、世界のマスコミは、裕仁の戦争責任を指弾する記事を書き連ねた。しかしながら、同じ時期、日本のマスコミは、逆に過剰「自粛」、「列島総自粛ムード」を演出した（天皇の死去を、「逝去」と報じた沖縄県を除く日本のマスコミ全体は、絶対敬語の「崩御」と報道）。

これに対して、一九八八年一〇月の台湾一二団体の「反日デモ」のプラカードには、

「天皇が一言も謝罪しないのは、日本人（主権者日本国民）の恥」と書かれていた（『朝日』一九八八年一〇月二四日）。

敗戦直後の時点で、日本の国民が支配者と自分自身の戦争責任に覚醒できなかった事実については、一定の弁解・釈明をすることは可能である。しかし、新憲法によって国民こそが主権者となり、「言論・表現の自由」も認められた戦後四十数年にわたり、昭和天皇にその明明白白な戦争責任を一言も謝罪させられなかった戦後責任が主権者日本国民にあることは、台湾人の指弾・告発の通りと言えよう。

このように世界的にも明明白白の天皇の戦争責任を、戦後四十数年、裕仁に認識・謝罪させることが出来ず、憲法前文冒頭で、「政府の行為によつて再び戦争の惨禍が起ることのないやうにすることを決意し」て、主権在民を認められた日本国民が、さらに戦後七十余年を経て、目下、戦争国家への道を暴走する安倍晋三を総理大臣として再信任しているのが日本国民の現状である。一体全体、日本国民の日清戦争以来の侵略戦争と植民地支配をめぐる戦争責任＝戦後責任意識は如何なるものなのか、限られた一九八〇年代の安川の個人的な体験・見聞に即して列挙してみよう。

Ⓐ「南京大虐殺」が進行していた最中の一九三七年一二月中旬、名古屋市は、臨時市議会を開催して、〈南京陥落特別「祝賀感謝」決議〉を行い、軍と天皇に送付した。その名古屋市が、本山革新市政時代の七八年に南京市と友好姉妹都市提携を結んでいたので、その過去の誤った市議会決議について「遺憾の意」を表明せよ、という私たち市民運動団体「〈ノーモア南京〉名古屋の会」は、「名古屋市制百周年を考える市民連絡会議」を結成して、上記の要求運動を展開した。その要求に対する、一九八七年の（革新市政ではなくなっていた）名古屋市の公式回答は、「過去のことは水に流して、これから仲良くすればよい」であった。

Ⓑ 同じ一九八七年二月五日、名古屋大学（以下、「名大」と略称）は「われわれは、いかなる理由であれ、戦争を目的とする学問研究と教育には従わない。」という画期的な名大「平和憲章」を採択・宣言して（学生を含む全学構成員の過半数が批准署名）、『朝日新聞』「天声人語」欄を含む各種の新聞・テレビでひろく賞賛的に報道された。その前年の八六年四月に埼玉大学教育学部から名古屋大学教養部に転勤した私は、（八四年頃から本格化していた）この憲章制定運動を遠くからではあるが好意的に見守っていた。しかし、八六年七月に公表された憲章第一次草案の内容に衝撃をうけた私は、否応なく運動に参加することに

なった。

私の衝撃は、平和憲章制定の動機・根拠がもっぱら「核戦争による共滅の危機」と「環境破壊・公害」等による「文明の存続」「人類存亡」の「危機的状況」から説かれていて、かつて名古屋大学自身が侵略戦争に積極的に加担し、「学徒出陣」で自らの学生たち（第八高等学校）を戦場に送り出した戦争責任については、自己批判どころか、一言半句言及されていない事実に対してである。さいわい新参者の私の批判は受け止められ、問題点は大幅に改善され、一九八七年一一月八日の憲章「最終案決定」の全学集会において、（第二次）草案は以下の内容となっていた。


わが国は、軍国主義とファシズムによる侵略戦争への反省と、ヒロシマ・ナガサキの原爆被害をはじめとする悲惨な体験から、戦争と戦力を放棄し、平和のうちに生存する権利を確認して、日本国憲法を制定した。

わが国の大学は、過去の侵略戦争において、戦争を科学的な見地から批判し続けることが出来なかった。むしろ大学は、戦争を肯定する学問を生み出し、軍事技術の開発にも深くかかわり、さらに、多くの学生を戦場に送り出した。こうした過去への反省から、戦後、大学は、「真理と平和を希求する人間の育成」を教育の基本とし、戦争遂行に加担するというあやまちを二度とくりかえさない決意をかためてきた。

しかし、今日、核軍拡競争は際限なく続けられ、核戦争の危険性が一層高まり、その結果、人類は共滅の危機を迎えている。核兵器をはじめとする非人道的兵器のすみやかな廃絶と全般的な軍縮の推進は、人類共通の課題である。……

集会に参加した私は、第一次案の改善を喜び、さらなる改善として、第一文節の「悲惨な体験」が日本人だけに限定されているので、「二、四〇〇万を超す他民族殺傷の侵略戦争」の加筆、第三文節には「また、わが国においても再び軍事大国化と戦争への道を目ざす勢力の策動が強められている。」という文章の追加の意見表明を心積りしていたら、集会は、この案でいきなり憲章文の朗読をして拍手による採択とのこと（実はこの文案を確定憲章文として、すでに憲章文の印刷も終わっていた）で驚愕した（その後の経過などについては、安川『日本の近代化と戦争責任』第Ⅱ章参照）。

C 平和憲章第一次案への私の批判文「なぜ「平和憲章」なのか？——戦争責任の自覚

の欠落」が一九八七年一〇月の名古屋大学教職員組合討議資料に掲載された。それを見た工学系の職員から私宛に、内部告発的な手紙が届けられ、私は新たな衝撃に出合った。手紙には、三〇〇万部のベストセラーの森村誠一『悪魔の飽食』で知られる関東軍石井七三一部隊（一九三六年に旧満州ハルピン郊外に設置された関東軍防疫給水本部の秘匿名称。約三〇〇〇人の中国人やロシア人捕虜をマルタと称して人体実験の材料にして、細菌兵器を開発した）に参加した名大医学部卒業生の驚愕する内容の文章のコピーが同封されていて、八六年秋の名大職組中央委員会で、職員がそれを問題化するよう提案したが、黙殺されたという文面であった。

文章は、『名大医学部学友会時報』に掲載されたもので、名大医学部から「七三一石井細菌戦部隊」に青年将校として参加した卒業生（当時、開業医）が、森村誠一『悪魔の飽食』の内容について、「実相を伝える」書物と認識しながら、捕虜の処遇を規定した国際条約に無知なまま、「徒《やたら》に一発の弾丸で処刑される」中国人捕虜（マルタ）の人命を利用して研究した「七三一部隊の功績をも評価してもよいではないか」という論理で、七三一部隊の「私の青春」の戦争犯罪に「決して卑屈な感じは有《も》っていない」という非道・無法な見解を表明した驚愕の文章であった。

『学友会時報』の事務局に問い合わせて、この文章掲載時の編集委員会でこの内容はとくに問題にならず、したがって何のコメントもなく掲載されたこと、後日、この投稿文への批判が掲載された事実もないことを、私は確認した。思いつめた私は、翌一九八八年二月五日の名大平和憲章制定宣言集会の席で、この文章について発言する機会を強く求めたが、予想通りしぶられた。結局、妥協策として、当日のプレ行事の席での五分間だけの発言が認められた。私は投稿文のコピーを一〇〇〇部つくり、当日、私たちが平和憲章を制定・署名するということは、こういう戦争責任をめぐる誤りを許さないという、大変きびしい課題と責務を自分たちに課することではないか、と発言した。

D 四位相の戦争責任中の最高位の責任者の天皇裕仁の戦争責任が免責されたために、戦後日本の社会では、より下位のマスコミ、司法、教育、警察、宗教などの戦争責任を告発・追及する必要性も希薄となった、と書いた。その具体的事例を、「教育の戦争責任」問題について確認しよう。

長野県では、(岩波書店の社主が長野県出身という事情もあり)「老婆が硬派の雑誌『世界』を読みながら風呂を沸かしている」という逸話が語られるように、明治時代以来、長野県は「教育県長野」として有名である。そのためもあり、「暗い昭和」期に反戦平和のプロレタリア教育の推進を目指した「新興教育運動」において、長野県は、昭和恐慌（養蚕製糸業）ともからんで日本で最多の被検挙教員（「赤化教員」）を出した。その反動として、「教育県長野」の名誉挽回のために、長野県は、一九三七〜四四年の八年間に（信濃教育会が各郡・各学校ごとに志願人数を割り当てて）日本で一番多くの青少年（六〇〇〇名余）を、「満蒙開拓青少年義勇軍」として送り出した。

一九八三年に完結した同県の『長野県教育史』全一八巻の内容は、「教育県長野」に相応しく、日本教育学会から「質量両面」において府県教育史の「頂点に立つ……代表的業績」とたかく評価された。ところが同書には、国内最多の満蒙開拓義勇軍を送出した肝心の「教育の戦争責任」が伏せられているという問題がある（詳しくは、安川『十五年戦争と教育』序章参照）。

同書の執筆委員は、同県の「子どもを戦争に駆りたてた教師の責任が、戦後三七年、まったく問われていない」として、「信濃教育会の戦争協力」を明確にしたいと願っているが、県教育史の編纂面でも「主導権」を握っている県教育界のトップに君臨する信濃教育会の太田美明会長の意向にそぐわないためにそうなったという事情である。

その太田会長の驚愕の談話は、

信濃教育会が戦争に協力したといってもね、国や県の政策に応じてやっただけ。反省するとすれば、それは国と県の仕事だよ。われわれがやる必要はないし、また、やるべきではない。(『朝日』一九八二年八月一三日)

というもので、「教育会」は、上からの指示や依頼があれば、人殺しの下請けでも何でもやりますよという、およそ教育の自立性や教育関係者としての良心のひとかけらも見当たらないすさまじい証言であった。これが戦後、長年「教育県長野」のトップに君臨していた人物の戦争責任認識である。

この問題を論じた安川『十五年戦争と教育』の序章において、私が支配者の戦争責任と並んで「民衆自身の戦争責任」を問題にしたことに対して、版元の新日本出版社から忌避の申し立てがあった。国民自身の戦争責任を問うことは、敗戦直後の東久邇宮内閣の、戦争指導者の責任を免責・棚上げにした「一億総懺悔」論と同じであるという反発であった。

E　一九九一年一二月の韓国人元「日本軍性奴隷」のキム・ハクスン（金学順）らの東京地裁提訴に代表されるように、世界史的な冷戦構造の終結を背景に、一九九〇年代に入って、アジア諸国から日本のアジア太平洋戦争期の戦争責任を厳しく告発・糾弾する声が高まってきた。日本の社会にも、ようやくこうしたアジア諸国からの問いかけを、受けとめ「心に刻」もうとする動きや運動が、弱いながらも始まった。

その一環として、論壇にもようやく「日本国民の戦争責任論」が浮上した。日本戦没学生記念会「わだつみ会」でも、学業半ばで「学徒出陣」を迫られ、わたつみ（海神、海）の涯《はて》で非業の死を余儀なくされた「わだ（た）つみ世代」学徒兵も、アジアとの関係では、総体としての侵略戦争の担い手であり、その限りでは加害者でもあったという見解が表明されるようになった。

同様な動きとして、民衆を戦争に動員した「宗教界の戦争責任」について、日本基督教団の一九六七年の「第二次大戦下における日本基督教団の責任についての告白」には大幅に遅れをとったが、敗戦後半世紀近い九〇年代初頭の九〇年、九一年、九二年に、真宗大谷派、浄土真宗本願寺派、曹洞宗などの仏教界が、相次いで「無批判に戦争に加担した罪」を懺悔する戦争責任告白を行った。

F　こうした一九九〇年代の日本社会の新たな動きに一石を投じたのが、「先の大戦」が「侵略戦争……、間違った戦争であった」という九三年八月一〇日の細川護熙《もりひろ》新首相の発言であった。『朝日新聞』では、一五日の投書〈私の「出征」も侵略の加担か〉に始まって、八月中は連日この問題（侵略戦争認識）が同紙「声」欄を賑わした。他紙も同様で、断続的には九月以降も投書は続き、年末まで各紙の投稿欄で議論は続いた（逆に日本遺族会は、「大東亜戦争は、国家、国民の生命と財産を護るための自衛戦争であった」と主張し、細川発言の撤回を要求する抗議声明を発表した）。

同年九月一一日の『朝日新聞』「論壇」欄の作間忠雄（明治学院大名誉教授・憲法政治学）の投稿〈「侵略戦争」と親友兵士の死〉の内容は、「それでは夫や息子の死は犬死にだったのか」という遺族たちの細川発言への疑問・反発に同調しながら、「太平洋戦争が……侵略戦争であった」こと自体は自明の前提にしていた。九月二七日の『朝日』「天声人語」は、月末恒例の「最近のことば」で、この作間忠雄の見解を望ましい発言として紹介した。以上の経緯から見て、作間の見解を日本の「良識」派の侵略戦争認識と戦争責任論の代表的事例として、問題にすることは許されよう。

『朝日』「天声人語」が作間の望ましい見解として引用した部分を見よう。

当時の戦争指導者とその追従者を除けば、圧倒的多数の兵士は戦争の「犠牲者」であったとしかいえない。……しかしそれは決して「犬死に」ではない。まして断じて「侵略の加担者」ではないのである。彼らは「日本国憲法」に化身して、平和日本の礎となった、と私は確信している。

という、無謀なとんでもない「良識」発言であった。

日本の侵略戦争で二〇〇〇万余のアジア諸国民が殺された事実さえ知れば、中学生でも、日本の「兵士は戦争の「犠牲者」であった」という主張の誤りは、容易に理解できよう。また、「戦争が……侵略戦争」と認める学者が、それを担った兵士は「断じて「侵略の加担者」ではない」と断定している事実にもたまげるであろう。この無謀な強弁を支えている根拠を強いて推測すれば、「彼らは「日本国憲法」に化身して、平和日本の礎となった」からという願望・心情の一点である。「天声人語」もこの心情に共感したからこその引用であろう。

しかしこれは、原因と結果を切断した無理・無謀な論理展開である。日本兵が侵略を担わず、犬死でもなかったのならば、「平和憲法」の誕生はなかったはずである。『わだつみ』の筆者の遺族・柳田節子が「今の日本の平和の礎は英霊のおかげだなんていわれると、……平和の礎のために、また死んでもらいましょう」ということになるではないか、と批判している通りである。

(浪花節的な)心情論に立つ場合でも、学者の発言に許される限度は、誤った侵略戦争に敗れたために、はからずも日本は平和憲法を持つことになった。その結果から言えば「親友兵士の死」も無駄な死ではなかったと言える、というだけであろう。侵略戦争と認識しながら、作間の議論に欠落しているのは、侵略されたアジア諸国民への思いと感性であり、これはなから論理を無視した心情論である。

さいわいに、一九九三年一二月の『朝日』の会社員の「声」欄投書は、「感情的になることなく、冷静に歴史を見据え「犬死に」と認識すること……が大切」と指摘し、「私が八歳の時、父は中国戦線で散った。……遺族の一人として無念であるが「侵略戦争の兵士」だった父の「犬死に」を認めよう。と同時に……近隣諸国に対し……謝罪と補償をする覚悟を……」とあり、作間忠雄の議論への怒りと私の暗澹《あんたん》たる思いは、辛うじて癒された。

しかしながら、作間発言は、敗戦から半世紀近い時点での、マスコミまでが推奨した学者発言であり、日本の「良識」派の（論理に生きる）学者の侵略戦争認識と戦争責任意識が如何に惨めなものかを再確認させられた事例と言えよう。

作間発言は「彼らは「日本国憲法」に化身して、平和日本の礎となった」と指摘・主張することによって、「圧倒的多数の兵士は……決して「犬死に」ではない。」と結論付けた。しかし、本書冒頭に引用したなかにし礼の詩は、二〇一四年七月一日の集団的自衛権行使容認の閣議決定によって、「日本国憲法」に化身して生まれたはずの「平和憲法は粉砕された」と詠った。ということは、アジア太平洋戦争による兵士を中心とする三一〇万の日本人の死（さらには二〇〇〇万をこすアジア諸国民）は、まさに「犬死に」だったことを意味する。

さらに言うならば、『わだつみ』の筆者の遺族・柳田節子が作間発言を「今の日本の平和の礎は英霊のおかげだなんていわれると、……平和の礎のために、また死んでもらいましょう」と批判したが、集団的自衛権行使容認の閣議決定を強行した安倍首相の狙いは、まさに「平和の礎のために、また死んでもらいましょう」ということになろう。

2　同調圧力装置「日の丸・君が代」

「教えとは希望を人に語ること／学ぶとは誠を胸に刻むこと」

高校教員になることを目ざしていた学生時代（一九五〇年代後半）、私はルイ・アラゴン（フランスの詩人・小説家。第二次大戦中に対独抵抗運動に参加。レジスタンス詩「フランスの起床ラッパ」が有名）の「教えとは希望を人に語ること／学ぶとは誠を胸に刻むこと」ということばを「座右の銘」にして、学生寮の机の前に貼っていた。大学の定年退職時に、自分の（大学）教育実践を総括・記録する著書『大学教育の革新と実践』（新評論、一九九八年）に「変革の主体形成」という副題をつけたところに、学生時代の初心の志（高校教員になって若者の意識変革に寄与したい）の持続の痕跡をわずかに見ることができよう。

抵抗詩人アラゴンの夢にこだわって教育学研究者になった私は、だからこそ、近代資本主義社会＝民主主義社会においては、なぜ学校の教育が「希望を人（生徒たち）に語ること」ができないのか、また、学習がなぜ「誠を胸に刻むこと」につながらないのかを研究してきたように思う。

社会の変革期・革命期を稀な例外として、学校教育は（残念ながら）社会体制の現状を維持・保守・温存するためのものという保守的な機能を本質とする。教育は、（政治の手段として）被教育者（学習者）にひたすら（変革期をふくめて）社会の現状に適応・順応することを求めようとする。したがって、後発資本主義国として、（自由民権運動が興隆した明治期以来）「教育で始末をつける」教育の政治的利用・悪用をとりわけ伝統とする日本においては、例えば、現在の小・中・高等学校の教員が（法律ではない、文部省が恣意的に作成した）「学習指導要領」に準拠して教育（授業）することは、戦前日本の教員が「教育勅語」に基づいて（天皇制軍国主義）教育を行ったことと本質的に同じ行為である、という醒めた認識が必要である。

加えて、一人の生徒・学生の人間形成における学校教育の「教育力」の無力という問題もある。人間（の）形成における時代と社会と（マスコミに代表される広義の）教育の影響力は圧倒的であり、学校教育のそれをはるかに凌駕《りょうが》する。五十嵐顕が問題にしたように、総体としての現在の日本人が日本軍性奴隷（「慰安婦」）問題に対する「はずかしめの罪」を、およそ自覚・認識しえないという事実は、（戦後）日本の社会を色濃く支配している差別と戦争責任への鈍感・無自覚という問題抜きには考えられない。ところが、（人間形成における学校教育の影響力を過度に評価する）学校主義的偏向を体質化した日本の教育学者や教員たちは、こうした事実と自分の研究方法・教育実践のあり方がつながっていることをほとんど自覚できない。

私も参加した松浦勉・渡辺かよ子編『差別と戦争――人間形成史の陥穽』（明石書店、一九九九年）は、日本の教育学研究の致命的な欠陥として、差別と戦争責任の視座に一貫して鈍感であるために、その研究が日本人の総体としての人間形成の解明にほとんど寄与しえない事実を明らかにしたものである。

稀な例外として、社会の変革期・革命期には、教育が「希望を人に語ること」が出来るのは何故か。マルクスが社会「環境の変更と人間的活動（または自己変革）との一致はただ変革する実践（革命的実践）としてのみとらえられうる」と主張したように、変革期においては、体制的な社会環境自体が変革・進歩の方向を目ざしており、したがって構成員にも（同じ方向での自己）変革を担うことを求めるために、教育を規定する社会観と人間観が（分裂せず）同じ方向を向いており、その時、教育はわずかに「希望を人に語る」可能性をもつのである。

日本の敗戦直後の（一九五〇年の朝鮮戦争を契機とする逆コースの始まる以前の）ほんの一時期の「戦後民主主義教育」や、中国帰還者連絡会（「中帰連」）を生み出す母体となった「撫順・太原戦犯管理所」の（周恩来首相が主導した）「奇蹟ともいえる中国の戦犯政策」による人類史的な人間変革の教育実践などが、その具体的事例と考えられよう。

ただし、教育の客体（学習主体）が自由な意志をもった人間であるために、教育は意図どおりにいかないからこそ教育であると言える側面を確実にもっており、水田洋・珠枝『社会主義思想史』（東洋経済新報社、一九五八年）が「体制維持とは、……反体制勢力の育成維持をふくむ」と主張するように、教員の例外的な教育力を含め、いつの時代でも、教育が「希望を人に語る」可能性・側面をもちうることも見落としてはならない。

つぎに、近代社会において学習はなぜ「誠を胸に刻むこと」につながらないのか。近代社会は、（有権者として政治にかかわる）政治的国家の共同生活圏と（私利私欲で日常を生きる）市民社会の私的生活圏とに分裂し、近代人は、否応なく「天井と地上との二重の生活を営む」（マルクス）ことになる。その結果、J・J・ルソー『エミール』（岩波文庫）が鋭くえぐりだしたように、近代の公「教育は、相反する（「公民」たるべきか「人間」たるべきかという）二つの目的を追求して二つとも取り逃がしている……この教育は、（例えば、道徳教育の時間には）いつも他人の事ばかり考えている（「公民」の）ように見せかけて、その実、（受験生のように）自分のことだけしか考えていない裏表のある「人間」をつくることしかできない。……かくて私たちは、生涯……自分の主体性を確立（一身独立）することもできず、したがって自分のためにも他人のためにもならなかった（大勢順応的な『風にそよぐ葦』――石川達三）人間として（漂流する）人生を終わることになるのである」。

野田正彰『戦争と罪責』（岩波書店、一九九八年）が前掲「中帰連」の湯浅謙の人生に即して見事に分析したように、「現実から逃避する性向も、理念に走る傾向もない。記憶と経験のみを重視する」日本の医学教育の中で優秀な医師に育ち、時代の価値観への「批判力がまったく欠如した好青年」であった湯浅軍医中尉は、「自分が生きている時代、国家というものに、まるで」無自覚で、中国で七回ものマルタの生体解剖にかかわりながら、その明確な戦争犯罪に「いかなる疑問も、精神的葛藤も持っていな」かった。

「太原戦犯管理所」の中国の寛大な戦犯政策のもとで、自らの罪責を認識する能力を（劇的に）回復・獲得した湯浅軍医は、自分の戦争犯罪行為を戦争という非常事態のもとで、上官の指示で「させられた行為、皆で行ったのだから仕方がない」と弁明しているかぎり、「結局は、自分の人生も無かったこと」になることに気づいた。それでは「(湯浅謙という固有名詞をもった)個人としての(自分自身の)一生を生きた」ことにならないという自覚にたどり着いたのである。このように、学校教育が教える(卒業後の社会での)昇進や出世につながる支配的な時代の価値観どおりに生きることは、「誠を胸に刻む」ことではなく、「単なる集団のなかの一人として(借り物の浮世の)人生」を送ることに帰着する。つまり、人は一般に、ほかならぬ自分自身の一回限りの人生を主体的に生きるということは、もともと困難至極な出来事なのである。

なぜ国旗国歌法は成立したのか——戦後民主主義の限界

一九九九年「日米新ガイドライン関連法」を経て二〇一五年の安保法制の成立によって、日本は、戦争責任・戦後補償も未決済のまま、ふたたび戦争国家への道に決定的に踏みだそうとしている。主権者・日本国民が、昭和恐慌時と同様に、目前の経済不況・生活苦に目を奪われ、戦後最大の歴史の分岐点において「沈黙する多数派」に眠り続けた事実は、

「不作為の責任」として、後世からきびしく問われることになろう。また、「日本はなぜ大正デモクラシーから昭和ファシズムへの道を歩んだのか?」に類する疑問として、「日本の戦後民主主義はなぜ戦争国家に帰着したのか?」という大きな疑問が、今後くりかえし問われることになろう。

信じ難いことであるが、侵略戦争のシンボル「日の丸」と、天皇治世を賛美する(歌の題名自体が憲法違反の)「君が代」が、二一世紀にももちこされる国旗・国歌となった(ともに侵略戦争を担った旧枢軸国のドイツ・イタリアが戦後、国旗・国歌を改めている事実との対比からも、その異常さは明らかである)。

何故そうなったのかに対するとりあえず考えられる端的な回答は、日本の戦後民主主義が戦争責任を放置した民主化の歩みであったという問題把握である。戦後日本の社会では、多くの国民が(占領軍による)棚からボタ餅で転がり込んだ戦後民主化路線の追求に目を奪われ、一九四五年八月一五日の前日まで続けていた侵略戦争と植民地支配に対する日本社会と日本人の戦争責任問題を放置した。あるいは(というより)、民主化に同調し推進することが自動的に過去の誤りを克服する道につながると勝手に期待していた。

天皇裕仁が死の病床にあった一九八八年一〇月、(既述した)台湾の反日デモのプラカードに「天皇が一言も謝罪しないのは、（主権者）日本人の恥」と書かれていた事実は、戦争責任意識を欠落・放置した戦後日本の民主化路線の本質と限界を見事に射抜いていたものである。日本国憲法前文通り戦争責任意識と国民主権の確立は不可分の関係にあるのに、民主化推進の担い手たちは、民主化が自動的に過去の戦争責任の克服・贖罪《しょくざい》につながるものと漠然と考えていた。

しかも、戦後日本の民主化と言っても（『敗北を抱きしめて』のJ・ダワーが「天皇制民主主義」と表現したように）、それは「皇室典範」で身分差別・女性差別・（ほとんど認識されていない）障害者差別（皇室典範第三条「皇嗣《こうし》（皇位継承者）に、精神若しくは身体の不治の重患が……あるときは、……皇位継承の順序を変えることができる。」）を規定した（封建身分制の残滓の）象徴天皇制との共存であり、この日本社会の差別の総元締めには一指も触れることは出来なかった。それどころか、日本は二一世紀に向けて、この差別の胴元をなお「千代に八千代に」保持しようというのである（こう書く時の安川は、同じアジアにおいて君主制を克服・卒業した一九一二年の中華民国や四八年の大韓民国の存在を意識している）。

天皇制を封建的身分差別制度の残滓《ざんし》と考える（「貴族あれば賤族あり」の被差別部落問題の研究者でもある）安川にとって、近年、「リベラル左派」の内田樹が「天皇主義者」を宣言したり、(『永続敗戦論』の著者)白井聡が明仁天皇の「祈りの力」や「天皇の無限責任」を論じる事態は、慙愧《ざんき》にたえない。これこそ、昭和天皇の首席政治顧問の木戸幸一が、天皇が戦争責任をとらないと日本社会の「永久の禍根」となると予言した通りの、「戦後民主主義」のみじめな帰結そのものではないのかと危惧する。

同様の思いでいるベストセラー漫画『美味しんぼ』原作者の雁屋哲と「NHKを監視し励ます会」「森友・加計問題の幕引きを許さない市民の会」などで活躍している東大名誉教授・醍醐聰の怒りの声を紹介しておこう。

内田樹をかつて「日本で一番頼りになる知識人」と尊敬していた雁屋哲は、内田樹の論稿「「直訴」行為にメディアが「例外性」を強調した意味」(『AERA』二〇一三年一一月一八日号)を読んで、思わず「内田先生ご乱心! いや本心か」と叫んで、自らのブログ「雁屋哲の今日もまた」に以下の文章を綴った(二〇一三年一一月一九日)。

主題は、「園遊会の際に山本太郎氏が天皇に手紙を手渡したこと」に関連して、天皇直訴が「一九〇一年の田中正造以来だったという「例外性」をメディアが強調したこと」についてである。内田は明仁天皇を、「三権の長にさえ望むべくもない「公平無私」を体現している人」「自己利益よりも「国民の安寧」を優先的に配慮している「公人」」などともちあげ、「天皇陛下の政治的判断力への国民的な信頼がここまで高まったことは戦後はじめてのことである」と書いた。

これに対して雁屋は、「二・二六事件の青年将校たちが……希望した「天皇親裁」と同じではないか。」と指摘し、内田の心情は「天皇に対する恋闕《れんけつ》の情」だと批判したのである。そのうえで結論として「日本の戦後民主主義などろくな物では無かったということを、この内田樹氏の文章で私は思い知らされた。」と結んだ。

雁屋は、翌日のブログ「内田樹氏の文章について」で、「あまりに驚愕したために、(昨日の)私の文章は感情的に過ぎ」たと反省しながら、同じ問題を再論した。内田が望むように「天皇の国政についての個人的意見を聞いて、その方向に国政を動かす、となると、「勅語」を戴いて、政治をする、戦前の明治憲法下の天皇制社会と変わらなくなるではないか」と問いかけ、「原発再稼働、憲法壊変、……TPP加入、……秘密保護法の策定、など、安倍政権になってからの日本は、自己破壊の急坂を転がり落ちている。」と現状を分析した。

その後、「元東京大学教授の五十嵐顕氏は、亡くなる前に、「日本の思想にもっとも欠けているものは、良心にしたがって立ち上がる抵抗の精神です」と書き残している」と書いて、最後は、内田樹に向かって「その明晰な頭脳と強靭な精神力をもって、明快な論理を駆使して、今の日本に必要な「抵抗の精神」を説いていただきたい」と結んだ。

その内田樹が、保守系雑誌『月刊日本』二〇一七年五月号のインタビュー記事に登場し、あろうことか、自分は「天皇主義者」になった、と宣言したのである。それを四段抜きで伝える『朝日新聞』(一七年六月二〇日)は、「「天皇主義者」宣言のわけ」の見出しで、「九条護憲や脱原発などリベラルな主張で知られる思想家」の内田樹の、転向の「きっかけは」「陛下自らが天皇の務めは鎮魂と慰藉の旅」と語った「昨夏のお言葉」と表明し、「今の天皇制システムの存在は政権の暴走を抑制し、国民を統合する貴重な機能を果たしていると高く評価した。」とのこと。つまり、雁屋哲が「内田先生ご乱心、いや本心か」と書いた通り、「三権の長にさえ望むべくもない「公平無私」を体現している」「天皇親裁」を待望するという内田の「天皇に対する恋闕の情」が「本心」であることを認めたものと言えよう。

内田と同様のリベラル左派と見られている『永続敗戦論』の白井聡も、同じ保守系誌『月刊日本』の同じ号にそろって登場し、「現在の日本では、国民の統合が破壊されるような事態が生じています。……特に安倍政権によって体現されている戦後民主主義への破壊衝動の出現です。これらの国難の発生と天皇が年をとって体力が低下してきたことが、時期的に重なっている。このことは偶然なのですが、国民の統合の実現に対して、今上天皇は無限責任を感じているのではないでしょうか。祈りの力は加齢によってますます弱まってしまう。そこで、もっと力強く祈ることができる若い天皇が必要だとして、生前退位を決断したのだと思います。」と書いている。

その白井の文章を引用して、醍醐聰は、自らのブログできびしい批判の言辞を書き連ねた後、最後に、「これが日本のリベラル左派の代表的論客？　馬鹿言ってんじゃないよ！よむほうが恥ずかしい。」と切り捨てている。

内田・白井の二人が大真面目に「宗教や文化を歴史的に継承する超越的で霊的な「中心」がある。日本の場合、それは天皇」(内田)、「もっと力強く祈ることができる若い天皇が必要」(白井) と書いているのを見ると、悪意ある論者なら、二人は、二〇一七年六月に強行成立された言論・表現・結社の自由を侵害する現代版治安維持法ともいわれる「共謀罪」の成立を見越して、保守系雑誌の誘いに乗って、天皇教への事前転向・先祖がえりを果たしたのではないか、と懸念するであろう。

天皇裕仁が自発的に退位しないと、日本社会の「永久の禍根」となると木戸幸一が懸念した通り、戦後民主主義はここまで衰弱・自己崩壊を遂げているのである。

アジア侵略を先導した福沢諭吉は、天皇制の本質を「愚民を籠絡する」欺術《ぎじゅつ》（馬鹿な国民をたぶらかすための騙しの政治装置）と見抜き承知していたからこそ、明治の神権天皇制（天皇の支配の正統性が天照大神《あまてらすおおみかみ》からの「万世一系」の皇統をつぐ天皇制正統神話に基づいた体制）の構築に奮闘した。戦後日本の学校は、その福沢を未だに「天は人の上に人を造らず、人の下に人を造らず」と（人間平等を）主張した人物であるという大ウソを教え続けている。戦後民主主義教育は、八・一五までの天皇絶対崇拝の教育を、（アジア蔑視と侵略の先導者の）福沢諭吉謳歌に切りかえただけのものであり、丸山眞男を筆頭に、戦争責任意識を欠如した戦後日本の社会科学も、（まさにその故に）この福沢諭吉の虚像の創生・維持に貢献したのである。

大学の戦後責任

一九九九年八月に公布・施行された「国旗国歌法」による「日の丸・君が代」法制化の国会審議において、政府は、長年の慣行により「日の丸・君が代」が国民の間にひろく定着していると嘘を主張したが、その誤りは、法制化直前の七月のJNN世論調査（TBS

テレビ系列）で「君が代」法制化反対者が五三・六％もいたことに端的に示された（八月二日調査では五八％に増加）。また、この「定着」が「日の丸・君が代」を強要する学校教育の政治的悪用によって、強権的に創りだされた学校中心の事象であることも、広く知られている。

敗戦直後は戦前への反省から、文部省自身が「学習指導要領」は全国的な教育水準を維持するための大綱的基準であり、その内容はあくまで試案・参考案と主張していた。それが一九五八年の指導要領の改定で、「日の丸・君が代」の掲揚・斉唱が「望ましい」とされた（その後七七年七月の指導要領改訂の際は、三原朝雄防衛庁長官の横車で、教育課程審議会答申の原案と関係なく、「君が代」が「国歌」と勝手に告示された）。

「戦後政治の総決算」を呼号する中曽根首相が、靖国神社公式参拝を強行し、軍事予算GNP「一％突破」を実現したことから、加藤周一は、新聞紙上で一九八五年を「軍国復活元年」と称した。その靖国神社公式参拝が強行された直後の九月初旬に、愛国心振興政策の一環として、「日の丸」掲揚・「君が代」斉唱徹底の文部省通知が出された。この徹底通知と、各府県の実施状況の調査結果が公表されるようになって以来、「指導要領」が法的拘束力をもつという恣意的な解釈とあわせて、職務命令と一〇〇〇人近い処分者を出すことによって、さらには、「国旗・国歌を指導するものとする」の八九年の指導要領の改定が加わり、「日の丸・君が代」が国旗・国歌であるというウソが強権的に定着させられてきた(「日の丸」は法制上の国旗でなかったため、一般には知られていない事実であるが、法制化以前の中央官庁の「日の丸」の縦横のサイズも不統一であった)。

一九九〇年一月一八日、偶然、同じ日の出来事となった「天皇の戦争責任はある」発言での本島等長崎市長銃撃事件の日、(学習指導要領からの逸脱や教科書使用義務違反という)「教育の自由」をめぐる伝習館高校訴訟の最高裁判決は、「指導要領は法規としての性質を有する」という戦後民主主義教育の理念をどぶに流す愚劣なものであった。

高知の教員・竹本源治は、朝鮮戦争が始まろうとする状況を迎え、かつての自らの侵略戦争への加担について一九五二年一月に「逝《ゆ》いて還らぬ教え児よ/私の手は血まみれだ/君を縊《くく》ったその綱の/端を私は持っていた/しかも人の子の師の名において」という慟哭《どうこく》の詩「戦死せる教え児よ」を発表した。四七年六月に設立された日本教職員組合(日教組)も、同じ時代状況の中で五一年一月の中央委員会において、「教え子を再び戦場に送るな」の有名なスローガンを採択した。

しかしながら、教員の生活権まで脅かす強権的な処分行政に押されて、大半の教職員は文部省による「日の丸・君が代」強制に屈服させられ、「教え子を再び戦場に送らない」という初心の誓いを忘却させられ、（九一年一二月の中央委員会で日の丸掲揚阻止闘争の強化を求める提案を否決していた）日教組は、（九〇年代は、アジア諸国からアジア太平洋戦争期の日本帝国主義の戦争責任を告発・糾弾する声が高まる時代であったが）九五年九月の大会において「日の丸・君が代」闘争そのものの棚上げ路線への転換をとげた。この間の小・中・高等学校の個々の教員や教職員組合の敗北の戦後責任を見落としてはならない。

しかしながらまた、私は同じ時期の特権的存在の大学の並行する転落の事象をより厳しく指弾したい。（高校教員を志望しながら）大学教員となった私は、「学問の自由」と「大学の自治」を憲法＝旧教育基本法体制によって特権的に保障されている旧国立大学の大半が、「学習指導要領」や職務命令による強要もないのに（名古屋大学の場合は、戦争につながる学問研究と教育はしないという「名大平和憲章」まで制定しながら）、Xデー（天皇裕仁死去日）以後、文部省・文科省の指示のままに弔旗・「日の丸」を掲揚するようになった事実を、私は戦後民主主義史上の最大の犯罪・転落と考えている。

一九八九年一月「Xデー」の弔旗掲揚への名大教職員組合主催の抗議集会に際し、目の前の弔旗に一指も触れないまま「我々は弔旗の掲揚を認めないゾ！」とシュプレヒコールする矛盾・限界・欺瞞にようやく気づいた私は、以後、名大教職員組合の抗議集会とは別に、有志による座り込みの弔旗・「日の丸」掲揚実力阻止行動を呼びかけることになった。大学本部玄関前での掲揚阻止は可能で何度か成功したが、九三年六月、前夜無断で（本部事務棟）屋上に急遽「日の丸」掲揚ポールが立てられ、翌日の皇太子結婚式当日、休日出勤の五〇人もの管理職職員がその事務棟に施錠して立てこもったことで、名古屋大学での「日の丸」掲揚実力阻止行動は出来なくなった。

国民の心性を権威主義的に支配する「日の丸・君が代」掲揚・斉唱反対の運動は、横並びの（組織の防衛本能をもつ）組合運動ではなく、個人の良心的拒否を軸に組み立てるべきであると気づくのが遅かった分が、大学教員の私の戦後責任である。

ついでの個人的な体験をメモしておくと、（国民学校で）天皇制軍国主義教育を四年余経験した私にとって、ＮＨＫ受信料を、国旗・国歌でない「日の丸・君が代」の（放送終了時の）犯罪的放映の故に、数十年間納入拒否をつづけることは簡単であった。法制化後は、憲法第一九条を根拠とする「良心的」納入拒否となるが、ＮＨＫは料金徴収者をどう再教育するのかと懸念していたら、一九九九年暮れ以来、東京の市民運動（わだつみ会と不戦兵士・

市民の会）の拠点にしていたマンションのワンルームに、久しぶりに待望の徴収者が訪れた（ＮＨＫ徴収員は、理屈をつけて納入拒否をするような人物の住所には再訪しない）。「名古屋の自宅では数十年間支払っていないが、法制化のこれからは、憲法第一九条の思想・良心の自由により、受信料支払いを断ります」と言ったら、「わかりました！」と答えてあまりにも簡単に料金徴収者が退去したので、いささか拍子抜けであった。

話を大学に戻すと、日本の大学、少なくとも旧国立大学は、天皇制とかかわる「日の丸」掲揚問題に関しては、「学問の自由」「大学の自治」の原理・原則を投げだし、（予算措置で差別されたくないといういささか切実な、しかし次元の低い理由によって）文科省の指示のまえに今や総崩れの状況にある（新潟大学の「日の丸」常時掲揚と儀式の際の「君が代」斉唱決定はニュースになったが、北海道大学では、法制化以後「日の丸」の常時掲揚を開始しているが、ニュースにもならなかった）。

東京大学（本郷）が早くにそうした惨めな大学に変質した当時の学生新聞『東京大学新聞』は、天皇問題特集号の社説（一九九一年一月八日）において、以下のように書いた。

批判的精神に裏打ちされた自由な学問と言論がその生命であり、それを発揮することが社会的な役割であるはずの大学は、……問題を抱えた天皇制に対してほとんど無批判であったばかりか、社会の危険な状況にその身を委ね、迎合した。私たちは、このように批判力を喪失しつつある大学の未来に、重苦しい不安を覚える。

大学までが批判的精神や自治と自由を失うことは、大学の本質と存在理由のまったき喪失と言わねばならない。(一九三〇年代以来の再度の)日本の「大学の転落」である。

国旗国歌法成立の意味――「潜在的アイヒマン」育成の教育

敗戦から半世紀をこえた一九九九年八月時点での「日の丸・君が代」法制化の実現は、戦後日本の社会と国民がかつての侵略戦争・植民地支配の戦争責任と誠実かつ真剣に向き合いとり組んでこなかった事実と、不徹底な日本の戦後民主主義が身分差別・性差別・障害者差別という差別の総元締めの前近代的な象徴天皇制を許容・放置してきた事実の帰結である。

同じ九九年一二月に「改正労働者派遣法」が施行されたのは象徴的である。派遣対象業務が原則自由化されたことによって、今日、誰の目にも明らかとなった日本の深刻な「格差社会」への道が決定的に開かれた。同時代の「日の丸・君が代」法制化は、福沢諭吉が「今この人民の窒塞を救ふて国中に温暖の空気を流通せしめ、世海《せいかい》の情波を平にして民を篤《あつ》きに帰せしむるものは、唯帝室あるのみ。」（『帝室論』）と主張した天皇制の癒しと国民統合の効用への同様の期待である。

一九一〇年の「大逆事件」に遭遇した（福沢がかつて社主であった）時事新報社は、「我国近時の世態はますます帝室の……急要適切なるを認め」て、翌年急遽、福沢の天皇制論（『帝室論』と『尊王論』）の合本を刊行した。世紀を超えて、格差社会の深刻化した二〇〇九年二月、女系天皇許容の皇室典範改正にさえ反発する保守派の平沼赳夫が、（「桜井よしこさん大推薦！」のオビをつけた）同じ合本の『福沢諭吉の日本皇室論・現代語訳―原文付き』（島津書房）を監修・刊行したのも同様の期待と意図である。

法制化を契機とする「日の丸・君が代」強制に疑問をもつ善意の国民は、法制化の際には小渕首相も野中官房長官も「強制はしない」と表明していたのに……と反発するが、それは一九五八年以来の文部省の一貫した強権的な「日の丸・君が代」強要路線の歴史への無知と政治の論理への無警戒を示している。

敗戦直後こそ、戦前への反省から、文部省自身が、「学習指導要領」の内容はあくまで試案・参考案と主張していた。しかし、既述したように、一九五八年の指導要領の改訂でまず「日の丸・君が代」掲揚・斉唱が「望ましい」とされ、「軍国復活元年」（加藤周一）の八五年九月には、愛国心振興政策の一環として、「日の丸・君が代」掲揚・斉唱徹底の文部省通知が出され、これ以後、各府県ごとの掲揚・斉唱率の調査結果が公表されることになり、学習指導要領が法的拘束力をもつという恣意的な解釈とあわせて、「日の丸・君が代」拒否・不服従者への行政処分が強行されることになった。さらに、「日の丸・君が代」を「指導するものとする。」という八九年の指導要領改訂が加わることによって、「日の丸・君が代」が日本の国旗・国歌であるという虚偽が、政治の力によって教育の場に強権的に定着させられてきたのである。

「日の丸・君が代」の法制化は、その到達点の確認に過ぎない。両者が国旗・国歌として法制化されれば、国会審議で「強制しない」と建前的な答弁がなされても、教育現場では、強権的な強要となることは容易に予想される事態である。「国旗国歌法」制定を追い風に、「憲法を命がけで破る」と広言する石原慎太郎東京都知事のもとで、都教委は、憲法や旧教育基本法の理念に反する教育現場への国家主義的・管理主義的な政治介入をつよめ、後述するように（一五七〜一六一頁参照）、「日野「君が代」伴奏強要事件」（一九九九年四月）、「大泉ブラウス事件」（二〇〇二年四月）、「七生養護学校性教育介入事件」（〇三年九月）などを、次々引き起こしていった。

決定的な変化として、二〇〇三年四月に再選された石原知事のもとで、同年一〇月、「日の丸・君が代」強制強化の最悪の「10・23通達」＝「入学式、卒業式等における国旗掲揚及び国歌斉唱の実施について」が出された。

①日の丸を式場の舞台壇上正面に掲揚する。

②教職員は日の丸に向かって起立して君が代を斉唱する。

③本通達にもとづく校長の職務命令に従わない場合は、服務上の責任を問われる。

その結果、東京の教育は「戒厳令下」と呼ばれる破滅的な状況に追いこまれることになった（二〇〇四年春の卒業式・入学式では、「君が代」不起立・伴奏拒否者二三八名の大量処分）。

「教えとは希望を人に語ること」が期待される学校教育の「職場は鉛のような重い雲に

覆われ、沈黙が頭をもたげてきた。学校のなかの民主主義がのた打ち回り、一人ひとりの良心が無残に打ち砕かれていく」（田中伸尚『不服従の肖像』樹花舎、二〇〇六年）。近代民主主義社会の中核的で神聖不可侵の基本的人権である「思想、良心、信教の自由」が、教員の「生きる」という基本的な生活権を脅かす処分がらみの「職務命令」によって、真正面から土足のように蹂躙されるようになった。例えば、「九段高校では五〇名の教職員のうち、起立するのは例年二〜三名でしたが、「10・23通達」を境に、〇四年三月の卒業式では二名を除いた全教職員が起立」（「日の丸・君が代」不当処分撤回を求める被処分者の会『不服従─それぞれの思い』二〇〇六年）するように一変している（「通達」以後は、対面式の挙式もなくなり、事前の生徒への「内心の自由」の説明も禁止された）。

学校教育での国旗・国歌強制による教職員の「思想、良心、信教の自由」の蹂躙は、（家永教科書裁判の「杉本判決」によって積極的に承認された）「教育の自由」「子どもの学習権」「親・国民の教育権」などを脅かし、転じて、日本社会の戦争責任意識の凍結・封印を促し、「天皇制民主主義」（ジョン・ダワー）という形容矛盾の戦後民主主義を、さらに希釈化する危険がある。この事態に私たちは、どう立ち向かうのか。

国民の戦争責任を問うことは、国民が歴史と社会と教育を主体的に担う自己責任意識に目覚め、「政府の行為によって再び戦争の惨禍が起ることのないやうに」、民主主義社会の真の主権者としての地位に目覚め、その地歩をかためることを意味する。戦争中や戦争への道のりにおける国民の「不作為の責任」「だまされる者の責任」も同じ問題である。

一九八八年の「水晶の夜」（一九三八年一一月九日夜から翌日にかけて、ドイツ全土でナチスによるユダヤ人迫害が行われ、壊された窓ガラスの破片で街路が埋まり、キラキラ輝いたことからユダヤ人迫害忌念日となった）のドイツのコール首相の「大多数のドイツ国民が（当時）ユダヤ人迫害に沈黙を守っていた事を、我々はいまだに苦痛とし、恥とする」「この迫害を記憶にとどめることは、我々の子や孫に対する責任」というスピーチは、それを端的に語ったものである。

抵抗詩人ルイ・アラゴンの「教えとは希望を人に語ること、学ぶとは誠を胸に刻むこと」という句に象徴されるように、教育は、「変革の主体形成」の実践を担うことによって、「希望を人に語」り、学習が「誠を胸に刻む」可能性を持っている。しかし、『二十四の瞳』の大石先生は、「歴史を空行く雲のように眺めている」（安川『十五年戦争と教育』）だけの先生であったために、愛する一二名の教え子を守れなかった（木下恵介監督・高峰秀子主演の映画化で一躍有名になった『二十四の瞳』は、一般には、瀬戸内海の寒村の分教場に赴任して一二人の小学一年生を担任した大石先生の「教育愛」の物語と理解されているが、原作者の壺井榮には大石先生への厳しい批判の目があった）。

資本主義的な階級社会の競争教育体制のもとでの「日の丸・君が代」の強制は、教員自身と生徒の（近代社会の根本原理としての）「思想、良心、信教（無神論）の自由」をはなから蹂躙し、教育が、社会の現状への適応や順応を説くばかりで、肝心の「希望を語」ってくれず、それに加えての（競争主義的な）学習が「誠を胸に刻むこと」につながらないという結果をもたらす。

「日の丸・君が代」強制が自明の前提となる社会のもとで学校教育を学ぶ日本の国民が、戦争責任の主体としての自己責任意識に目覚め、（権力者が主導・支配する）時代と社会と教育に流されっぱなしの「漂流する人生」ではなく、「歴史に働きかける力」（宮本百合子――『法政大学新聞』寄稿文、一九四〇年）をもった真の主権者としての自己を確立することは、絶望的なまでに困難な課題となる。

私が実行委員長として名古屋の「ノーモア七三一部隊展」（一九九三年一二月）を手伝った時の経験で一番印象に残ったのは、証言コーナーの「中国帰還者連絡会」会員が、こともなげに「戦争には組織者と命令者と実行者が必要であり、私は実行者の一人として、マルタを七三一部隊に送った(戦争)責任がある」と語ったことである。「国民自身の戦争責任」を問題にすることは「一億総懺悔」論と同じという非難が革新陣営にも見られた戦後日本の社会であるだけに、印象的な話であった。

中国の戦犯政策が教えたこの戦争責任論は、そのまま第二次世界大戦後の国際軍事裁判が新設した「人道に対する罪」の考え方と同じであり、上官の命令に基づく戦争犯罪行為の免責を認めないというのが世界史の現段階の責任論である。「ベルリンの壁」が存在した当時の東独国境警備兵の職務としての射殺行為が「壁」崩壊後に裁かれた際、東独国家の「法と命令に従っただけ」という弁護側の主張はとおらず、「上からの指示で人の命を奪う状況に直面した場合、良心を放棄することは、二〇世紀も終わりを迎えたいま、もはや許されない」というのが、近年の判決である。

一九九九年のNHKのETV特集「アイヒマン裁判と現代」と「良心的兵役拒否」によって自らイスラエルの徴兵制に反逆したシルバーマンが作成した映画「スペシャリスト」の二つは、社会にうまく適応し、組織の一員として命令に忠実に「ユダヤ人輸送」の職務を遂行した有能な官僚・アイヒマンの戦争犯罪の意味を、今日に蘇らせたものであった。

これは、私たち市民が、生活のために（会社や職場の上司の指示にしたがって）、企業や組織の有能な一員・歯車となって、真面目に働き生活すること自体の犯罪性への問いかけである。会社や上司の指示のもとで、とりわけ人一倍熱心に働く私たち日本人は、常に「潜在的アイヒマン」となる可能性・必然性をもっているのである。どんな状況においても、私たちは、自分の職務における行為とそれがもたらす結果を正しく考え判断する力をもつことを求められていることを伝える貴重な番組であった。

「日の丸・君が代」の強制は「家畜の調教」以下の教育犯罪

国旗国歌法の制定により、教員は「日の丸・君が代」が(法的には)国旗・国歌という新たな重圧と、東京都教委の教育行政の場合のように、生活権の基本を脅かす管理職の「職務命令」と強権的な処分の脅しによって、「思想、良心、信教の自由」を真正面から蹂躙する違憲・違法の国旗掲揚・国歌斉唱の職務を求められている。

二〇〇九年九月九日の大阪高裁「東豊中高校の処分取り消し控訴審」判決は、「控訴棄却」であった。しかし、次の「補足説明」を添えることによって、「唱わない自由」を初めて認めた判決となった。

……君が代に対し負のイデオロギーないし抵抗感を持つ者が、その斉唱を強制されることを思想信条に対する侵害であると考えることには一理ある。とりわけ「唱う」という行為は、個々人にとって情感を伴わざるを得ない積極的身体的行為であるから、これを強要されることは、内心の自由に対する侵害となる危険性が高い。したがって、君が代を斉唱しない自由も尊重されるべきである。……

しかしまた、（ユダヤ人の強制収容所への鉄道輸送を担った）アイヒマンの戦争犯罪と東独国境警備兵裁判の教訓は、「上からの指示」あるいはほかの同僚も皆そうしているからという理由で、教員が、自分自身の「思想、良心の自由」を放棄し、（「子どもの権利条約」に規定された）生徒たちの「意見表明権」「思想・良心・宗教の自由」を抑圧・蹂躙する「状況に直面した場合、良心を放棄することは」「二〇世紀も終わりを迎えたいま」、それを許されるのか（判決文）、と問われているのである。

そもそも、教育論から考えて、「日の丸・君が代」の両者が侵略戦争のシンボルや天皇治世の賛美であるという許しがたい意味を脇においたとしても、一斉に「日の丸」の布切れに頭を下げたり、掲揚中の直立不動を求めたり、「君が代」をお経のように（低学年児童にとっては、「君が代」の歌詞は意味不明）歌わせることは、教育の営みと言えるのか。明治憲法体制期の「教育勅語」奉読による天皇制軍国主義教育の一方的な意識形成とどこが本質的に異なるのか。教育とは、現在の社会や大人のあり方・常識に生徒が自分なりに疑問や批判意識をもって、社会や慣習・常識自体を改めていくように、志向し努力することを励ます、つまり「変革の主体の形成」を担うことで、初めて「教えとは希望を人に語る」可能性をもつのである。

盲導犬の訓練でも、一番むずかしいのは不服従の訓練である。「主人」を救うために、あえて服従しないことが盲導犬本来の役割である。みずから判断できる犬にならないと、盲導犬にはなれない。子どもたちの疑問や反発を頭から押さえ込み、「国歌」を斉唱させることは、断じて教育の営みではなく、子どもたちが「盲導犬」にさえなれない「家畜の調教」以下の、教育犯罪そのものである（前掲『不服従―それぞれの思い』）。

「日本の学校は捕虜収容所だ―遅刻で殺され、砂浜で生き埋め」（イギリス紙）と世界に報道されるように、日本の学校では、（地震でもないのに）常時「気をつけ！」を求め、教育としては最悪の「右へならえ！」「前へならえ！」という号令がまかり通っている。さらに、標準服という名の制服強要を代表格として、程度の差はあっても個の人格と個性を圧殺する過剰集団同調の訓練と教育が、クラスや学校としての「まとまり」という名のもとに、なお二一世紀の日本の学校では、日常の風景となっている。

教育は個人の価値をたっとび、「右や前へ」ならわない「自主的精神に充ちた身心」をこそ伸ばす仕事である。生徒や学生が自分で物事を考え、自分で判断し、だからこそその結果に責任をもつように励ます仕事である。つまり、再び日常化している「日の丸・君が代」を強制する国旗・国歌の掲揚・斉唱の教育実践は、日本社会の悪しき集団主義（大勢順応主義、事大主義、過剰集団同調）を解体するのではなく、逆に集団同調の強化さえもたらし、日本の青年が社会や組織に従順に適応し、組織の一員として集団に埋没して行動する訓練を無意識的に積み重ねることを意味する。

その教育は、日頃それなりに尊敬している先生も、文科省↓教育委員会↓校長（↓「副校長」↓「主幹」↓「指導教諭」）の前には頭が上がらないというみじめな姿を見せつけることによって、「君が代」（象徴天皇制）の権威・超越性とともに、なによりも生徒に、権力（上の者）への服従・同調・帰依を教えこもうとする最低・最悪の教育実践である。またその教育は、子どもが主権者意識や独立した人格に目覚めることを確実に遅らせ、日本の青年がふたたび「人道に対する罪」を犯すようになることを励ます「潜在的アイヒマン」育成の教育犯罪そのものである。

現代日本の東京都や大阪の突出した教育行政に代表される「日の丸・君が代」強制への拒否・不服従に類する戦前日本の先駆的事例というと、一八九一（明治二四）年の内村鑑三の教育勅語「不敬事件」がある。教育勅語発布三カ月後の、九一年一月九日、第一高等中学校（のちの「一高」）で前日文部省から受領した勅語謄本を講堂の壇上にかざり、職員生徒が一人ずつ登壇し最敬礼の礼拝をする際、キリスト教徒の内村鑑三は、偶像崇拝の故に最敬礼を拒んだとして嘱託講師を免官された（同校の同じキリスト教徒の木村駿吉教授も追放）。井上哲次郎を先頭に仏教関係雑誌が、その行為はキリスト教が反国体的で教育勅語の国家主義精神に反するという非難・攻撃を開始し（『国民之友』の徳富蘇峰も加担）、キリスト教徒との間の「教育と宗教の衝突」論争となった。

加えて翌九二年、日本の神道は宗教ではなくたんなる天を祭る古俗の一つという（帝大文科大学教授）久米邦武の論文（『史学会雑誌』）が、神道家や国家主義者の排撃運動を招き、久米がこの「神道は祭天の古俗」事件で大学を非職になっただけでなく、文科大学史誌編纂掛も閉鎖、帝大総長加藤弘之までが更迭された。

久米の論文を自ら主宰する『史海』に転載した（二雑誌はともに発禁処分となる）経済学者田口卯吉が「日本人民は随意に古史を研究するの自由を有する」と堂々の反駁の論を展開したように、二つの事件は、近代日本黎明期の「思想、良心、信教の自由」と「学問の自由」への弾圧・蹂躙事件であった（福沢諭吉は、二つの事件に対して完全沈黙を守り、結果的に事件に加担した）。

大勢順応社会の生活の知恵――過剰集団同調

日本人は人生や社会についての一つのまとまった自分なりのものの見方・考え方の体系や態度ともいうべき自からの「思想」を持つことがきわめて苦手である。つまり日本人は、「考える人」（ロダン）として、日常の生活において自分なりのものの見方・考え方、自分なりに固執する原理・原則にもとづいて、ことの是非・善悪を判断し、その判断に依拠して自主的に行動することが、なおきわめて極端に不得手である。

「寄らば大樹の陰」「長い物には巻かれろ」といった古来の多くの故事・ことわざに共通するのは、同調圧力の異常に強い日本の社会において、個が自立＝自律せず、主体性をもちえていないために、その状態のまま生きるには、どう生きるのが無難で有利であるのかを諭したものであり、また、その日本社会に適合的な行動様式である。「長い物」「地頭」「大樹」「大所」は、支配者、権力者、上位者、教組、党中央、管理職、先生、親などを指し、その傘の下で生きる「お上」に弱い民衆・小物・「社蓄」である生活者の智恵は、「群れ」をなし、「皆」と「一緒」にいつも one of them として、「皆一緒病」に生きることであり、「出る杭」や「高木」「出る釘」は妬まれ、非難され、へこまされるからである。

　こういう社会では、自分の良心や信念・思想や原理・原則には「こだわ」らず、事なかれ主義で自己主張はせず（主語なし文化）、内心は別として面従腹背し、「本音」は押し殺し「建前」と忖度に生きることが、肝心な生活の重要な智恵である。つまり、「大勢には順応」し「横並び」意識をもって、他人の意見や行動に軽々しく同調する「付和雷同」や「風にそよぐ葦」「柳に風」として生きることが、庶民の無難で賢明な生き方である。

　「自由・平等・友愛（フランス三色旗）」の原理を確立するために民衆が血を流すブルジョア民主主義革命の経験がなく、いまなお基本的人権の主体たりえていない「メダカ」や「犬」並みの「社蓄」生活を余儀なくされている大半の日本の民衆は、「一人として無理を蒙らざる者」（福沢諭吉）は誰もいないのであり、その日常的な被抑圧感や劣等感の憂さを晴らすために、ひとつは「上からの圧迫感を下への恣意の発揮」によって「抑圧の移譲」（丸山眞男）を行うことである。近年の日本社会では、「拉致問題」と在日朝鮮人差別がその最大の標的であり、日常的には、女性差別・部落差別・沖縄県民差別・アジアへの蔑視・優越感などがその受け皿となり、ついにヘイトスピーチまで登場する時代となった。それもままならぬ者は、他人の足を引っ張ったり、いじめに共同参加し、はみ出そうとする仲間に「病的に同調を強制」することで、せめて我慢をするのである。

良心的不服従のすすめ

二〇〇六年一二月に愛国心強制の「改正教育基本法」が、七割余の反対世論を無視して成立した（『日経』世論調査でも改正支持は一九％。自民党支持者でさえ五三％が「今国会成立にこだわるべきではない」。『朝日』では、「改正」で「よくなる」は四％、「悪くなる」が二八％、「変わらない」が四六％）。その法改正の先頭に立っていた伊吹文明文科相が「今回の教育基本法改正のポイント」として「人権メタボ症候群」「日本は同質的な国」発言（〇七年二月）をし、安倍首相がその発言を擁護した事実は象徴的で、さすが「敵もさるもの」である。

つまり「人権だけを食べ過ぎれば、日本社会は人権メタボリック症候群になる」として、その発言は、教育の政治的悪用によって「夢よ、もう一度」の思いで、日本人の人権の主体としての目覚めと成長をあらためて押さえ込み、国民をホンネを押し殺し国権の支配下でタテマエで生きる大勢順応・付和雷同の「同質」性（侵略戦争期は「一億一心！」）をもった「臣民」「社蓄」に「先祖がえり」させようとする、現行教育改革の狙いを率直かつ見事に表現したものである。

教育とは、子どもたちが回り道をしながらも「自由かつ独立の人格として成長」することを励ます仕事であり（一九七六年五月二一日の全国学力テスト訴訟の旭川最高裁大法廷判決は、「子どもが自由かつ独立の人格として成長することを妨げるような国家的介入」は「許されない」として、「学力調査は違法」と判断した）、その自由かつ独立の人格の中核をなすのが「思想・良心・信教（無宗教）の自由」である。ひたすら適応と我慢を教える受験競争の画一強要教育までが加わり、彼らが自分なりの感性、ものの見方・考え方、思想・信条をもった人間として成長・発達することを妨げることは犯罪であり、明らかに戦前同様に、ふたたび日本の教育が巨大な戦争責任を背負いこむ道のりである。

「思想・良心・信教の自由」は、近代民主主義社会の中核的な基本的人権であり、人間が真の意味で精神的に「一身独立」する主体性と個人の尊厳の最大の拠り所である。「日の丸・君が代」強制によるその抑圧は、日本社会の民主主義の覚醒・成熟を確実に遅らせる最悪の教育犯罪である。

アメリカの国旗敬礼拒否の一九四三年のバーネット事件（全国で二〇〇〇名の児童が退学処分）の連邦最高裁判決（「国旗に対する敬礼及び宣誓を強制する」ことは、「憲法修正第一条の信教の自由、言論および出版の自由」を「制限することになる」）や、国旗保護法の違憲判決をもたらした一九八九年の星条旗焼却事件最高裁判決（「国旗への冒涜行為を罰すること」は「この大切な象徴が表すところの自由を損なうことになる」）の経緯を見ると、国民の権利は、それを侵害するものとのたたかいの積み重ねによって初めて確立していくものである。

国旗掲揚・国歌斉唱の表向きの実施率がすでに一〇〇％に近いという現代日本の現状は、ある意味で「痴呆」的・絶望的な状況である。しかし、東京都教委の暴走が、「日野「君が代」伴奏強要事件」（一九九九年四月、後述）、渡辺厚子の「大泉ブラウス事件」（二〇〇二年四月九日、都立大泉養護学校の入学式で渡辺教諭は「日の丸・君が代」強制に反対し、人権尊重を願って手づくりの絵ブラウスを着用して参加して処分された。訴訟は〇七年七月最高裁で敗訴）、「七生養護学校性教育介入事件」（〇三年に都教委と自民党都議三人が都立七生養護学校の性教育に介入した事件に対する訴訟で、一三年一一月、最高裁で学校側が勝訴）など幾多の提訴をもたらした。

二〇〇四年一月に提訴されたユニークな「国歌斉唱義務不存在確認請求訴訟」（第一次提訴原告の二二八名が第四次訴訟では四〇三名に拡大）では、〇六年九月、東京地裁難波孝一裁判長が、一九七〇年の家永教科書訴訟の「杉本判決」（東京地裁の杉本判決は、文部省による教科書検定を違憲・違法とし、「教育の自由」「国民の教育権」を認めた憲法史上画期的な判決となった）とならぶ、歴史的な勝利判決をもたらした。

この判決は「日の丸・君が代」裁判史上で初めての勝訴であり、二三の全国紙、地方紙の社説のうち二〇紙が肯定的評価で、否定的評価は「読売」「産経」「北国」の三紙。難波裁判長は、「日の丸・君が代は、明治時代以降……皇国思想や軍国主義思想の精神的支柱として用いられてきたことがあることは否定し難い歴史的事実であって、……日の丸・君が代が価値中立的なものと認められるまでには至っていない状況」にあり、「思想、良心、信教の自由」の原理から見て、「学習指導要領の国旗・国歌条項から直ちに教職員の起立・斉唱・ピアノ伴奏義務を導きだすことはできない。」とした。

また「内心と外部行為の切断論」(「君が代」についての当事者の考えや思想と、斉唱や伴奏する行為を切り離して考える考え方)に対しても、「これを切り離して考えることは困難かつ不自然であり」として、問題の東京都教委「10・23通達」について、教職員は「校長の職務命令に基づき、……会場の指定された席で国旗に向かって起立し、国歌を斉唱する義務のないことを確認する」「音楽科の教員が、……ピアノ伴奏義務のないことを確認する」という画期的な(というより憲法・旧教育基本法通りの「極々当たり前の」)判決が出された。

「10・23通達」を真正面から否定するこの「予防訴訟」の画期的な判決の効果を減殺・帳消しにする役割を担うのが、近年の日本では、最高裁の役割となる。「杉本判決」や「難波判決」の論拠となる「教育基本法」の改正案は、すでに同じ二〇〇六年の五月に第一次安倍内閣によって国会に上程されていた。〇二年以来の日野「君が代」伴奏強要訴訟の懸案をかかえていた最高裁にとっては、「穿《うが》った見方をすれば、息を潜めて国会審議の動向を伺う最高裁の姿が透けて見える。」(『日野「君が代」ピアノ伴奏強要事件全資料』日本評論社、二〇〇八年)関係にあった。

二〇〇六年一二月、圧倒的な反対世論と無関係に、愛国心強制をもりこんだ改正教育基本法が成立すると、「待ってましたとばかり」に、「しかも、卒・入学式を目前にした」

○七年二月二七日を選んで（！）最高裁は、まず（国旗国歌法以前から争われていた）「日野ピアノ伴奏拒否訴訟」に判決をくだし、続いて同年七月の「大泉ブラウス訴訟」への判決をくだした。「日野ピアノ伴奏」判決が以下に見るように、「地裁・高裁判決よりも冷酷に、思想・良心の自由に照らした審査をはねつけた」（同前書）最高裁は、あとは一瀉千里、一二年一月の「予防訴訟」について、「戒告以上の処分は過当」と判定しながら、起立・斉唱強制の「10・23通達」自体は違憲に当たらずの判決まで突っ走った。

「日野ピアノ伴奏」判決の最高裁は、小学校音楽専科教員の原告・福岡陽子が「ピアノ伴奏を拒否することは」、「『君が代』が過去の日本のアジア侵略と結び付いて」いるという「歴史観ないし世界観に基づく一つの選択ではあろうが、一般的には、これと不可分に結び付くものということはできず、……本件職務命令が、直ちに上告人の有する上記の歴史観ないし世界観それ自体を否定するものと認めることはできない」という不当・低劣な理由によって、上告棄却とした。

「10・23通達」一本で九段高校の教員の九割以上が不起立から起立に一変したように、教員は「減給処分」「強制異動」「（定年後の）五年の嘱託、不採用」などという生活基盤をあらわに脅かす強権的処分行政のもとで、「通達」への屈服を余儀なくされているのである。ところが肝心の最高裁が、教育基本法改悪の行政権力と歩調を合わせて、お上に弱く『風にそよぐ葦』（石川達三）たらざるをえない多くの教員を、「一般的には」歴史観・世界観と伴奏拒否・不起立とを分断させられている弱みにつけこんで、「大勢順応」「付和雷同」の「潜在的アイヒマン」育成の教育犯罪に加担するように追いこむ役割を果たしているのである。「裁判官が国を亡ぼす！」と言われるように、最高裁が「憲法の番人」ではなく、「権力の番犬」「行政の番犬」になり下がった最低の愚劣極まりない判決である。

「予防訴訟」の画期的勝訴に励まされて、二〇〇七年三月の卒業式では、被処分教職員三五名のうち、二〇名が新たに不服従の闘いに参加し、二月の最高裁ピアノ判決直後にもかかわらず二名が不伴奏を貫いた。しかしながら、〇三年の「10・23通達」から〇七年三月卒業式までの被処分者は延べ三八一名で、東京都全体の教職員六万二〇〇〇名に対比すれば、「思想、良心、信教の自由」を認められている国で「教えとは希望を人に語ること」を期待されている教育労働者の不服従がわずか四百名未満という数字は、一％にも満たない絶対的・異端的な少数派である。

しかしまた、かつて（一世紀以上前の）一八九一年の内村鑑三の「教育勅語拝礼」忌避、「宗教と教育の衝突」論争事件が、一人の孤独なたたかいであり、アジア太平洋戦争期の「良心的兵役拒否」者が（欧米諸国の万単位の数と対比して）十指にみたない数名のたたかいであった事実に対比すれば、三八一名という数字に、憲法第一九・二〇条に結晶した戦後民主主義の、戦前の日本社会と対比したほんの僅かな、あるいはかすかな成果と前進を確認することは出来よう。

東京都の教員の場合も、「君が代」斉唱時の教員の大半は、校長からの職務命令があり、処分による生活権の圧迫・剥奪を恐れ、他の教員も皆そうしているということで、起立を余儀なくされている。日本人にとって、お上からの命令と職場の同僚も同じ行動をしているという理由で、大勢に順応するメダカや社蓄の生き方から、「良心にしたがって」立ちあがり抵抗を選ぶ行動までの間には、まだまだ無限にちかい遠い距離が存在する（時間にすれば一瞬のためらい）。

私たちが、戦争責任を担い、九条改憲を阻止し（象徴天皇制も廃止し）、一回限りの人生を主体的に生きるためには、職場を中心とする日常生活の場において、「人権メタボ症候群」となることを恐れず、良心的不服従や内部告発の主体になれるように懸命に努力し、その自己を鍛えあげていく以外に、民主主義再生の道は開けないであろう。

III

日本人の帝国「臣民」化を生涯かけて追求した福沢諭吉

今から約半世紀前、一九六四年に私が初めて福沢諭吉の著作を読んだのは、偶然のきっかけによる。水田洋（名大名誉教授、アダム・スミス研究の世界的権威、学士院会員）が企画し、出版には至らなかった『日本の知識人』の分担原稿として、私は「日本の知識人の形成史」の担当を依頼された。日本の知識人といえば、まずは福沢諭吉と考え、初めて『学問のすすめ』を読むことにした。一九三五年生まれで、「戦後民主主義教育」第一世代に育った者として、福沢が「日本の民主主義の偉大な先駆者」であることは、当時の私にとっても自明の常識であった。

ところが、初編冒頭の「天は人の上に人を造らず、……」が、「……と云へり。」という伝聞態で結ばれていることに、まず強くひっかかった。第二編では「明治の年号を奉ずる者は、今の政府の法に従ふ可《べ》しと条約（契約）を結びたる人民なり。」という明白な虚偽の記述が気になった。

同時代の民権運動家・植木枝盛が、日本の人民が「政府の法に従ひ、その保護を蒙るべしと約束したるものなりと云へる如きは、不稽妄誕《ふけいぼうたん》（根拠のないでたらめ）の至りにして、決してその実を得ざるなり、……蓋《けだ》し実にその事あるなきなり」（伊藤正雄『「学問のすすめ」講説』風間書房、一九六八年）と批判した通り、（『すすめ』第二編刊の）一八七三年にはまだ国会も開設されておらず、大久保政権と明治の人民が社会契約を結んだ事実はない。

しかし我慢して、第三編「一身独立して一国独立する事」まで読み進めて、ここで決定的なブレーキがかかってしまった。当時、二〇代の若者の私にとっては、はるか遠くに畏敬する存在であった丸山眞男、羽仁《はに》五郎、服部之総《しそう》、家永三郎、遠山茂樹ら先学の「一身独立して一国独立する」の定説的な解釈が、何度読み返しても、どうしても納得できなかった。先行研究は、丸山眞男の解釈の圧倒的な影響のもとで、既述したように、「一身独立して一国独立する」が、「一身独立」と「一国独立」を等価値において、「民権の確立の上にのみ国権の確立が可能となる所以」(自己批判以前の家永三郎)、「絶対主義的国家意識に対抗する、近代的国民意識」(遠山茂樹)を表現した定式としていた。しかし安川にとっては、『学問のすすめ』第三編の福沢の定式と「一身独立」の意味は「国のためには財を失ふのみならず、一命をも抛《なげうち》て惜むに足ら」ない国家主義的な「報国の大義」を主張した定式としか解釈できなかった。

結局、その一点の疑問解明のために、以後、半世紀におよぶ福沢諭吉研究に私はのめり込むことになった。それ以来、私が執筆した著書五冊を時代順に列挙しておこう。

①『日本近代教育の思想構造』（一九七〇年、新評論。七九年増補版。以下、『旧著』と略称）
②『福沢諭吉のアジア認識』（二〇〇〇年、高文研。Ⅰ『アジア認識』と略称）
③『福沢諭吉と丸山眞男』（二〇〇三年、同。一六年増補改訂版。Ⅱ『福沢と丸山』と略称）
④『福沢諭吉の戦争論と天皇制論』（二〇〇六年、同。Ⅲ『戦争論・天皇制論』と略称）
⑤『福沢諭吉の教育論と女性論』（二〇一三年、同。Ⅳ『教育論・女性論』と略称）

1　福沢諭吉最大の発見！　愚民支配の道具としての天皇制

本書では、明治維新変革から一九四五年敗戦までを日本の近代史、敗戦から今日までを日本の現代史と仮設して、再び戦争国家に転落しようとしている現代史のあり方を最大限に意識しながら、福沢諭吉を日本の近代史の道のり総体の「お師匠様」と位置づけ、彼が主導し敷設した「明るくない明治」から「暗い昭和」への日本の思想の歩みを考察・総括する。

二〇一八年は「明治一五〇年」ということで、日本政府主催の記念事業が展開された。その記念事業を展開する政府に対して、マスコミでは「「明治礼賛」でいいのか」（『毎日』）、「明治はそんなに良かったか」（『朝日』）、「会津は戊辰（戦争）を忘れない」論（『毎日』）、「明治維新の裏に光を」(『中日』)などの批判的な特集や論稿が散見された。その記事中にある「明治維新の裏」、「「祝明治一五〇年」の陰」、「負や闇の側面」などという記述が、私は気になって仕方がない。

私は明治維新から一九四五年敗戦までの日本近代史の歴史は、「裏」や「陰」、「負や闇の側面」の道のりではなく、基本的に(福沢諭吉批判をした同時代の民権陣営の吉岡弘毅が予言した通りの)「不可救ノ災禍ヲ将来ニ遺サン事」必然の、誤りの「強盗国」近代化侵略路線そのものであり(吉岡弘毅「駁福沢氏耶蘇教論」―一八八二年八月『六合雑誌』第二六号)、その道は、実際にアジア諸国民二〇〇〇万余を殺戮し、自国民三一〇万人の死をもたらした破滅的な戦争犯罪の道のりに帰着したと考える。

その道のりを、「海を越えて台湾に出兵し(一八七五年)、(翌年)江華島城下で条約調印を迫る、これが日本が足を踏みだした長き侵略の旅の第一歩、第二歩だ。」と書き起こした中国の作家・張承志『中国と日本―批判の刃を己に』(梅村坦監訳、亜紀書房)は、まず吉田松陰の有名なアジア侵略構想「国力を養ひ、取易《とりやす》き朝鮮・満州・支那を切り随《したが》へ、交易にて魯墨(ロシア・アメリカ)に失ふ所は又土地にて鮮満にて償《つぐな》ふべし」(『獄是帳』、四一頁)を引用した後、張承志は、福沢諭吉ついて次のように書いた。

吉田松陰よりもさらに理論的で影響も大きいのは、福沢諭吉による文明論の主張だ。福沢は彼の文明解釈において、あふれる差別意識をとうとうと述べている。かくも露骨な他者への差別意識は、……それが活字となって印刷されていることに目を疑うばかりだ。しかし、この日本式帝国（主義）思想の集大成者が謳っているのは、紛れもなく弱きを呑みこまんとする植民地主義なのだ。（同右書、四一頁）

と書いた張は、「脱亜論」の中でも、このくだりがもっとも名高いとして、「我国は……西洋の文明国と進退を共にし、其支那朝鮮に接するの法も……正に西洋人が之に接するの風に従て処分（帝国主義侵略と植民地支配）す可きのみ。」」、つまり「脱亜入欧・弱肉強食」路線を引用した（同右書、四一〜四二頁）。

「明治の精神」をきびしく撃つ隣国の良心・張承志の告発は、さらに続く。

北洋艦隊同様、日本艦隊も敗北した。東郷平八郎はより深い意味での敗軍の将だ。一八九四年七月二十五日、彼はあえて一歩先に発砲し、……日本は正式に日清戦争に突入することとなった。その日から原爆が広島を破壊した四五年八月六日まで、実際にはたった五十年、瞬《またた》く間のことだ。さらに言えば、一九四五年の惨敗がなくても、あの日舵を切った大国への航路は、遅かれ早かれ、帝国を転覆させ、人を破滅させる運命に導いたにちがいない。／東郷だけではない。より糾弾すべきは、日本民族を「脱亜入欧」させ植民地主義列強の列に導いた、明治の思想家たちだ。

（同右書、七五～七六頁）

最後にイスラム教徒の張承志は、神の名のもとに、日本と「明治の精神」を告発する。

強大無限の主宰者は他人の希望を断つような強国の夢を決して許しはしない。他人の尊厳と生存を踏みにじるような民族の前途を成就させることはない。……日本精神は、原子爆弾に負けたのでも、……物質的凶器に負けたのでもない。精神に負けたのだ。歴史の真理と永遠の道徳の前に、日本は敗れたのだ。

（同右書、七六頁）

一九四五年敗戦の原因を福沢のアジア蔑視・強兵富国の「脱亜入欧」路線に求める考え

は、その最大の災禍を体験した中国の被害者的偏向からくる見解ではない。最後の引用文が示唆しているように、張は「「他者の尊厳」を認めたうえに成り立つ人道主義」（板垣雄三）という普遍的な視座から歴史を認識している。興味ある符合であるが、私がそれなりの良識派の歴史家と認識している保阪正康も、張承志とは異なる視座からではあるが、昭和の「軍事主導ファシズム」を「明治政府の国策の到達点」と示唆する興味ある論稿を書いている。

それは、「昭和史のかたち」と題する保阪正康の「ファシズムへの道」「明治初期への先祖返りか」という小見出しのついた論稿である（『毎日』二〇一七年一〇月一四日）。保阪は、「近代日本に積み残しになっている歴史的テーマ」が五件あるとして、その中でも「昭和史を再考するうえでこれがもっとも重要な」テーマとして、「昭和に入っての軍事主導ファシズムは、明治政府の国策の到達点か、それとも横道にそれた特異な形だったのか」の考察・検証に取り組んでいる。

保阪は、田中惣五郎（明治大学教授、日本近現代史研究者）の『日本ファシズム史』（河出書房新社、一九六〇年）を引用して、「昭和のファシズムは、近代日本のそれぞれの出発点の政策の中に潜んでいた」として、昭和の「軍事独裁は、明治期形成期に進むと予想されたマイナスの道（天皇の神格化や軍事主導体制、そして臣民像など）を一気に走り抜けたのであり、それゆえに昭和は大正、そして明治の初期に里帰りした」という田中の説を再考すべきであると主張する。その理由は「現在の右派系論者による大日本帝国憲法の肯定や軍事主導体制への傾斜、そして市民を臣民へと戻そうとする動きが、平成、昭和後期から昭和のファシズムへ、そして大正期を飛ばして一気に明治初期にもどろうとする」同じ「先祖返り」の道だからと解釈している。

安川の認識も、「大正期」の存在を軽視する理由は、輝かしき「大正デモクラシー」の吉野作造の「民本主義」が、「民主主義」（主権在民）は日本の「国体」に反するという理由で、「デモクラシー」という言葉の中身からそれを追放してしまい、結局は「国体」という「非宗教的宗教」の大枠の中でしか、「デモクラシー」のための戦いを行えなかったからである。

「人民」をやめて「臣民」を使い始めた福沢

保阪の上記論稿中で括弧書きされた「天皇の神格化」「軍事主導体制」「臣民像」の三点

の「マイナスの道」のいずれにおいても、福沢諭吉は時代の先導者であった。

初期啓蒙期の福沢は、日本人一般のことを、他の知識人同様に、「国民」「人民」「平民」と表記しており、例えば『学問のすすめ』第三編の「平民の根性は……その柔順なること家に飼いたる痩犬の如し。」という辛辣な表現とともに多くの読者も、その記述を記憶している。

ところが、「愚民を籠絡する……欺術《ぎじゅつ》」（馬鹿な国民をたぶらかすための騙しの政治装置）こそが天皇制の本質と見抜いて、一八八二年『帝室論』で日本の近代化に必要不可欠なものとして天皇制を選択した福沢は、（それに見事に対応して）翌八三年一一月の『時事新報』の六日間の連載社説「徳教《とっきょう》之《の》説《せつ》」以来、「彼の文明を取て我富強の資《もとで》に供し、以て新に東洋に一大文明国を作らんとするは、蓋《けだ》し我々日本臣民の至情にして、……」（『全集』⑨二八九頁）のように、時代に先駆けて「臣民」「日本臣民」の語彙を使い始めた。

大日本帝国憲法を「完全無欠」「完美なる憲法」と手放しで賛美した福沢は、憲法発布直後の一八八九年二月の九日間連載社説「日本国会縁起《にっぽんこっかいえんぎ》」では、日本人の「先天の性」となった「従順温良、卑屈、無気力」の国民（臣民）性を「我日本国人の殊色（特色）」と賛美し（『全集』⑫四五頁）、翌年発布された「我カ臣民克《よ》ク忠ニ克ク孝ニ」の「教育勅語」を「感泣」をもって歓迎した。

福沢諭吉の忠君ナショナリズム

丸山眞男は、自ら創作した福沢＝「典型的な市民的自由主義」者神話に対応して、福沢のナショナリズムは「忠君ナショナリズムとはまったく異質のもの」（梅本克己・佐藤昇・丸山『現代日本の革新思想』河出書房新社、一九六六年）と評価している。福沢の『全集』を読めばすぐにわかるこんなデタラメを、日本を代表する識者との共著でどうして書けるのか、腹立たしく思っているので、福沢の推進した「報国の大義」「報国致死」から「報国尽忠」にいたる愛国心・ナショナリズムの推移について、簡単に考察しておこう。

『すすめ』の「一身独立」が「国のためには財を失ふのみならず、一命をも抛《なげうち》て惜むに足ら」ない「報国の大義」であり、福沢が誇りにしていた慶應義塾の「建学の精神」も「報国致死」（一八八二年三月）であった（「故社員の一言今尚精神」『全集』⑧六四頁）。

『文明論之概略』の日本近代化路線の結論として、「自国独立」の確保・達成を「最後最上の大目的」に設定し、「君臣の義」以下の前近代的な「惑溺《わくでき》」の心情を総動員することを提案した福沢にとっては、日本臣民への「報国の大義」「報国致死」の啓蒙は切実な課題であった。

　その福沢であってみれば、「愚民を籠絡する……欺術《ぎじゅつ》」としての（天照大神の皇統をつぐ天皇制正統神話と結び付いた）神権天皇制を積極的に選択した後は、その「報国心」が「尽忠報国《じんちゅうほうこく》」となるのは必然の道であった。一八八二年『帝室論』でその「欺術」を選択した福沢は、翌八三年八月の社説「徳教之説」で早速「日本国士人の為に道徳の標準と為す可きもの」は「一系万代の至尊（天皇）を奉戴《ほうたい》」する「尽忠報国の主義」との提唱を開始した（『全集』⑨二八一頁）。

　一八八四年の福沢自身が深く関与した（金玉均ら朝鮮開化派が日本公使の協力のもとに起こした「守旧派」打倒のクーデターの）「甲申事変」を迎えると、八五年一月の社説で「我々臣子の衷情として、天皇陛下の御稜威《みいつ》に因て我軍の大功を期するこそ万全の策」だから「御親征の挙断じて行ふ可きなり」と提言した。

　いわんや、「是非とも勝たねばならぬと約束の定まりたる此の大切なる大戦争」の日清戦争を迎えた福沢は（「大和魂」や「忠勇義烈」の精神という「宝刀利なりと雖も深く鞘に納めて抜かざるは治世の武士の嗜《たしな》み」と信じて慎んできたが、「宣戦の詔勅を拝」した以上—『全集』⑭五四六頁)、「我国中の兄弟姉妹四千万の者は同心協力してあらん限りの忠義を尽し、……事切迫に至れば財産を挙《あ》げて之を擲《なげう》つは勿論、老少の別なく切死して人の種の尽きるまでも戦ふの覚悟」(『全集』⑭五四五頁)を呼号する激烈な社説「日本臣民の覚悟」を書いた(日清戦争の際も福沢は「遙に海を越えて大纛《だいとう》(天皇旗)を韓山の風に翻へし給ふ御事もある可し。」と天皇の海外への出陣の可能性に言及した)。

日清戦争が終わると福沢は、(既述したように)今度は次の戦争に備えて、「及ぶ限りの光栄を戦死者並に其遺族に与へて、以て戦場に斃《たお》るるの幸福なるを感ぜしめ」るために、靖国神社の軍国主義的政治利用を提案し、「大元帥陛下自ら祭主と為《な》」ることを求めた。

晩年の「修身要領」(一九〇〇年)の中心道徳の「独立自尊」が、自ら進んで「仁義忠孝の道」の実践を意味していたことは第I章で確認した。さらに最晩年となる一九〇一年の福沢の最後の「忠君ナショナリズム」論も確認しておこう。

殊《こと》に一般臣民の帝室に忠誠なるは世界に其類を見ざる所にして、苟《いやしく》も帝室の為めとあれば生命尚《な》ほ且《か》つ惜《おし》むものなし。況《いわ》んや財産に於《おい》てをや。(「帝室の財産」『全集』⑯六八三頁)

2 『学問のすすめ』と『文明論之概略』を正しく読む

福沢の初期啓蒙――人民の抵抗権・革命権を除外

福沢諭吉は、最初のベストセラー『西洋事情』において、「アメリカ独立宣言（人権宣言）」を見事に名訳して、国民が「政府を立る所以（理由）」は、生命を保持し、自由を求め、幸福を追求する国民の「基本的人権、通義（権利）を固くするため」であり、「政府の処置、此趣旨に戻《もと》るときは、即ち之を変革し或は之を倒して、……新政府を立るも亦人民の通義」であることを明確に認識し、その基本精神を忠実に翻訳・紹介していた。

ところがその福沢が、『学問のすすめ』において日本人の人権宣言を行った場合には、米独立宣言と対比すると、「自由」があいまいな武士道の「面目名誉」に変えられているだけでなく、決定的な問題点として、「政府を立る所以」が国民の基本的人権を確立・擁護「するため」という、肝心要の〝政府の存在理由〟を紹介・主張せず、したがって政府がその存在理由を逸脱した場合の国民の「抵抗権・革命権」も、自由民権運動陣営とは対照的に、意図的に除外していた。

逆に同じ『すすめ』で福沢は、フランス革命を支えた社会契約思想を恣意《しい》的に利用して、「今、日本国中にて明治の年号を奉ずる者は、今の政府の法に従ふべし、と条約（社会契約）を結びたる人民なり。ゆゑに一度国法と定まりたることは、……小心翼々《しょうしんよくよく》（びくびくしながら）謹みて守らざるべからず。」（第二編）、「国法は不正不便なりと雖《いえ》ども」、人民はこれを「破るの理（権利）」をもたず、政府が「師《いくさ》（戦争）を起すも外国と条約を結ぶも……政府の政に関係なき者は決して其事を評議す（とやかく問題にする）可《べか》らず」（第七編）と、国民の一方的な「国法」への服従・遵法の内面的自発性を啓蒙していた。

これは、同時代の自由民権運動の陣営が、「政府恣《よこしま》ニ国権ニ背《そむ》キ擅《ほしいまま》ニ人民ノ自由権利ヲ残害（侵害）シ建国ノ趣旨《しゅし》ヲ妨クルトキハ日本人民ハ之ヲ覆滅《ふくめつ》（政府を打倒）シ新政府ヲ建設スルコトヲ得」（植木枝盛）と、抵抗権の行使を主張していたのとは、極めて対照的な事実であった。

日本の近代化の基本的な課題と方針を提起した綱領的文書にあたる代表作『文明論之概

略』の第九章までにおいて福沢は、過去の封建日本社会の人間関係・社会関係を大きく文配していた前近代的な「権力の偏重」事象をきびしく批判し、リアルで冷静な天皇制への批判的認識を提示していた。そのうえで、結論的に「自国の独立」確保の至上課題を主張する第十章においても、冒頭では、「外国に対して自国の独立を謀《はか》るが如きは、固《もと》より文明論の中に於て瑣々《ささ》たる一箇条に過ぎざれども、……」と書いて、十全な文明論の展開から見れば、「自国の独立」確保は瑣末《さまつ》な（取るに足りない）課題であるという見事な文明観を提示していた。

軌道修正の転機①――「一身独立」よりも「自国の独立」を最優先

ところが『文明論之概略』第十章の結論は、一転して「国の独立は目的なり、今の我文明は此目的に達するの術《すべ》なり。」として、「結局の目的を自国の独立」のみに定め、それを至上最優先の「最後最上の大目的」に決定していた。この認識転換を生じさせたのは、福沢の当時の世界の帝国主義的な国際関係についての認識である。

第十章中の「英人が東印度の地方を支配するに其処置の無情残刻《ざんこく》なる実に云ふに忍びざ

るものあり。」（『全集』④二〇〇頁）や、「欧人の触るる処にて其本国の権義（理）と利益とを全《まっと》ふして真の独立を保つものありや。……欧人の触るる所は恰《あたか》も土地の生力を絶ち、草も木も其成長を遂《と》ぐること能《あた》はず。甚しきは其人種を殲《つく》す（皆殺し）に至るものあり。」（同右、二〇二〜二〇三頁）などという記述がそれである。

その「無情残刻」「傍若無人」の国際関係認識を踏まえて福沢は、「我国の文明の度《ど》は今正に自国の独立に就て心配するの地位に居り」（同右、一八三頁）と判断し、「国民たる者は毎朝相戒《いまし》めて、外国交際に油断す可らずと云《いい》て、然《しか》る後に朝飯を喫する（食べる）も可ならん。」（同右、二〇五頁）と呼びかけた。

「人類の約束は唯自国の独立のみを以て目的と為《な》す可らず」という（自身も第十章冒頭に示唆していた）もっともな議論に対しては、「先《ま》づ（独立を確保して）日本の国と日本の人民とを存してこそ、然る後に爰《ここ》に文明の事をも語る可けれ。国なく人なければ之を我日本の文明と云ふ可らず。」と反駁して、「是即《これすなわ》ち余輩《よはい》（私）が理論の域を狭くして、単に自国の独立を以て文明の目的と為《な》すの議論を唱《となう》る由縁《ゆえん》なり。」（同右、二〇八頁）と断った。

加えて福沢は、「故に今の我文明と云ひしは文明の本旨（本来の文明観。「国内の民主化」や「人権の確立」を指す）には非ず、先づ事の初歩として自国の独立を謀《はか》り、其他は之を第二歩に遺《のこ》して、他日為す所あらんとするの趣意なり。」（同右、二〇九頁）とも断って、維新当初における「自国の独立」確保・達成最優先路線の正当性に自信をもって、福沢は、『文明論之概略』の結論的提案を、第十章の以下のような（『全集』の二頁余にわたる）いささか長文の最後の文節によって主張した。

斯《かく》の如く、結局の目的を自国の独立に定め、……悉皆《しっかい》（ことごとく）これを彼の目的に達するの術（手段）とするときは、……国体論の頑固なるは……今の政治の中心を定めて行政の順序を維持するがためには亦大《またおおい》に便利なり。民権興起の粗暴論は……人民卑屈の旧悪習を一掃するの術に用れば亦甚だ便利なり。忠臣義士の論も耶蘇《やそ》聖教の論も……儒者の論も佛者の論も……彼の暗殺攘夷の輩《やから》と雖ども、……必ず一片の報国心あること明に見る可し。されば本章の初に云へる、君臣の義、先祖の由緒、上下の名分、本末の差別等の如きも、人間品行の中に於て貴《とおと》ぶ可き箇条にて、即ち文明の方便なれば、概して之を擯斥《ひんせき》（排斥）するの理なし。……結局其最後最上の大目的を忘れざること緊要《きんよう》なるのみ。……この（第十）章の眼目たる自国独立の四字を掲げて、内外の別を明にし、以て衆庶《しゅうしょ》（国民）の由る可き道を示すことあらば、物の軽重も始《はじめ》て爰《ここ》に量《はか》る可く、事の緩急も始て爰に定む可く、軽重緩急爰に明なれば、……以て同一の目的に向ふ可き乎。余輩の所見にて今の日本の人心を維持するには唯この一法あるのみ。（『全集』④二一〇～二一二頁）

初期啓蒙期からの軌道修正を謀る重要な結論部分なので、現代語訳にしよう。

このように、最終的な目的を自国の独立の確保・達成と決めて、あらゆる思想や運動をその目的達成の手段とするならば、……頑迷な国体論だって国家を政治の中心として優先する上で有用だし、民権伸長の粗暴な議論も旧来の人民の卑屈な風習を一掃する手段とすればまた大いに役立つものとなる。……忠臣義士の考えもキリスト教や儒教や仏教の教えも……幕末の攘夷思想・運動で英米人を殺傷しようとした連中の場合も……それなりの報国心に基づく行為・思想であることは明らかである。したがって、本章のはじめに封建時代の風俗習慣として言及した君臣の義、先祖の由緒、上下の名分（身分の上下に伴って必ず守るべき本分）、本末の差別（本家と分家や本山と末山のような物事の根本と末梢の区別）なども、人間の品行の中における貴重なもので、文明を推進する手段の役割を果たしており、それらを前近代的なものとして排斥するいわれはないのである。

……結局、一番大事なのは自国の独立の確保・達成という最終的で最上の大目的を忘れないことが大切である。この第十章の一番の目的である「自国独立」の四文字を掲げて、国内問題と国外問題の重要性の違いを明確にして、国民が依拠するべき進路を提示すれば、ものごとの軽重や緩急（遅い早い）の違いも明らかになり、軽重緩急の「議論の本位」の判断が定まれば、国民は自国の独立の確保・達成という同じ基本目的に向き合うようになるであろう。「時事新報」紙の見解としては、現在の日本国民の人心を維持するには、この自国独立の確保・達成最優先の方策しかないと考える。

以上のように、『概略』第九章までの論述では過去の日本社会の「権力の偏重」現象をきびしく批判していた福沢が、結論提起の第十章になると一変して、「自国の独立」確保・達成という最優先課題のために、なぜ「権力の偏重」社会で形成された「君臣の義」以下の前近代的な思想や運動をポジティブなものに評価替えをして、それらの心情・思想・運動の総動員を提案・要求するようになったのか。

それを解く鍵は、先述した「無情残刻なる」帝国主義的な国際関係のもとで、どうすれば国民の目を最優先の「自国の独立」達成の課題に着目、集中、釘付けにすることができるかという問題を考えることとなろう。

「今日の文明にて世界各国互ひの関係を問へば、……国と国との交際に至ては唯《ただ》二箇条あるのみ。」と問題を立てて福沢は、「今の世界は商売（貿易）と戦争の世の中」と答え、「戦争は独立国の権義（権利）を伸ばすの術にして、貿易は国の光を放つの徴候《ちょうこう》（きざし）と云はざるを得ず。」（同右、一九〇〜一九一頁）と説明した。その世界において、「自国の権義を伸ばし、自国の民を富まし、自国民の智徳を修め、自国の名誉を耀かさん」とする精神こそが「報国心」（同右、一九一頁）であるとして福沢は、次に、各国が互いに「富国強兵」策を推進する傍若無人、無情残刻な帝国主義的国際関係のもとでの「報国心」のあり方に考察を進める。

報国心の「眼目は他国に対して自他の差別（区別）を作り、仮令《たと》ひ他を害するの意なきも、自から（を）厚くして他を薄くし、自国は自国にて自から独立せんとすること」（ポイントは、他国に向けて自国と他国の差別を設定して、たとえ他国に害を及ぼす意向はなくても、自国の利益を優先することで他国の利益を薄くして、他国の利害と関係なく、自国自体の独立の確保・達成をはかること）であるとして、報国心の本質が「一国に私するの心」であり「自から（を）私する偏頗《へんぱ》の心」であるから「故に報国心と偏頗心とは名を異にして実を同ふするものと云はざるを得ず。」と結論付けた（同右、一九一頁）。

つまり、「偏頗心」そのものである「報国心」は、本質的に差別的で排他的で非合理をきわめる精神であるとして福沢は、その精神を支え培養する思想の故郷として、封建時代の「君臣の義」「上下の名分」「本末の差別」「国体論」「暗殺攘夷の輩」などを積極的に評価し、その総動員を提案したのである。

振り返ってみると、初期啓蒙期の福沢は、冒頭の「天は人の上に人を造らず、……」という魅力的な引用にはじまる『学問のすすめ』の「天理人道（人と人とは平等のような天然自然の道理）に従て互の交を結び、理（普遍的な道理）のためには「アフリカ」の黒奴にも恐れ入り、道（国と国との道理）のためには英吉利、亜米利加の軍艦をも恐れず、……」、「一国の権義に於ては厘毛《りんもう》（わずか）の軽重あることなし。……世界中を敵にするも恐るるに足らず」などという華麗な国際関係の建前（！）を紹介したり、「平民の根性は……その柔順なること家に飼たる痩犬の如し」という厳しい（維新当初の日本の）現状批判を展開して、深読み出来ない読者を（さすがは福沢諭吉！と）魅了した。

また『概略』の場合も、第九章までの記述では、「歴代の天皇を見るに、其不明不徳は枚挙《まいきょ》に遑《いとま》あらず（たくさんあり過ぎて数えきれない）。」というリアルな天皇制への冷静な批判的認識や、「君臣の倫《みち》を以て人の天性と称し」、主君への「忠義」を天性と把握する誤りを正すなどの魅力的な主張であることによって、『概略』を「唯一の体系的原論」と誤読した丸山眞男に、上中下三冊もの『「文明論之概略」を読む』（岩波新書）を書かせた。

また、（安川福沢論に接して自己批判する以前の）家永三郎の場合も、上記の「歴代の天皇を見るに、……」という福沢の記述にたぶらかされて、雑誌『思想』（第四一〇号、一九五八年八月）に、福沢は「根底においては、共和主義者であった」とさえいえるという誤りの美化論を書かせた。

あえて単純化すると、かつて数多の日本の研究者が福沢を「日本の偉大な民主主義の先駆者」ともちあげたのは、もっぱら以上に紹介した『すすめ』と『概略』第九章までの福沢の一見魅力的な表現や建前の見事な主張を、福沢自身の本音の主張と誤読して創りあげた「福沢諭吉神話」の「狂騒曲」であった。

つまり、『概略』第九章までの初期啓蒙期の福沢は、一見すると「人間平等」論、「国家平等」論、天皇制批判者、「一身独立」＝「一国独立」の同時主張者と誤読するような欧米近代社会の建前論を紹介・展開して読者を魅了した。ところが、肝心の結論的主張の『概略』第十章に至ると、国際関係の「無情残刻」「パワ・イズ・ライト」（『全集』⑲五四六頁）のきびしい現実を踏まえて、福沢は明確に軌道を修正したのである。

そのために福沢は、くりかえし「一視同仁（人間平等）四海兄弟（国家平等）の大義と報国尽忠（忠義を尽くして国に報いる）建国独立（国を建て独立を謀る）の大義とは、互に相戻《もと》て相容れざるを覚るなり。」（『全集』④、一九一頁）、「外国人に対して、其交際に（国家平等論的な）天地の公道を頼《たよ》にするとは果して何の心ぞや。迂闊《うかつ》も亦甚《またはなはだ》し。俗に所謂《いわゆる》（国際関係の現実を無視して、建前論ばかりを展開する）結構人（世間知らずのお人よし）の議論と云ふ可きのみ。」（同右、二〇四頁）と強調して、「自国の独立」確保・達成の課題をなによりも「最後最上（最優先）の大目的」に設定することを、『文明論之概略』全体の結論として提案・要求したのである。

福沢によれば、「傍若無人」（『全集』⑧四三六頁）に他国を「切捨」御免（『全集』⑦六八七頁）にする「無情残刻」で「パワ・イズ・ライト」の関係が支配している帝国主義的な国際関係のもとで、「自国の独立」達成を最優先するという路線は、「他国に対して自他の差別を造り、……自から（を）厚くして他を薄くし、自国は自国にて自から独立せんとする」（『全集』④一九一頁）という、明らかに「一国に私する」「偏頗」精神に基づくエゴイスティックな路線である。

したがって、「一国に私する」「偏頗」路線を本質とする「自国の独立」最優先路線を、日本の国民が積極的に担う排外主義的な愛国心・「報国心」を育成し培うためには、本質的に差別的で排他的で非合理な（第九章までにおいては批判した）「君臣の義」「上下の名分」「本末の差別」「国体論」「儒者の論」「暗殺攘夷の輩」などの、前近代的な精神や運動を総動員することが望まれるのである。つまり、自国独立確保を核とする日本の近代化路線を推進するために、福沢は、封建社会以来の前近代的な思想・運動・制度を総動員するという転倒策を提案したのである。

軌道修正の転機②——帝国主義の時代を生き抜くための「報国の大義」

『学問のすすめ』第三編の目次「一身独立して一国独立する事」において、「一身独立」の名のもとに福沢が、いきなり「国のためには財を失ふのみならず、一命をも抛《なげうち》て惜むに足ら」ない「報国の大義」を要求していたのは、以上の『文明論之概略』の「自国の独立」確保・達成最優先路線の課題意識に見事に対応していた。先行研究がそろって『すすめ』第三編を「一身独立」と「一国独立」の同時的追求の定式と誤読したのには、『すすめ』第三編＝一八七三年、『概略』＝一八七五年刊行という両著の時代的ズレに囚われたという事情もあった。

しかし、福沢が『概略』の「著述を思ひ立ったのは、明治七（一八七四）年三月頃のことで、九月頃には、ほぼ全巻を書き上げ」（『全集』④後記）ていた。つまり、『すすめ』第三編を刊行した一八七三年一二月は、半年で書き上げた『概略』の執筆を思い立った七四年三月のわずか四カ月前の出来事であり、『すすめ』で「一身独立して一国独立する事」を論じる時点においては、『概略』の「自国の独立」最優先の構想はすでに芽生え始めていたと推測出来よう。だから、『概略』冒頭で「人類の約束は唯自国の独立のみを以て目的と為す可らず」という「文明の本旨」（本来の文明観。「国内の民主化」や「人権の確立」を指す）は承知・紹介しながら、第十章の結論提起においては一転して、「先づ事の初歩として自国の独立を謀り、其他は之を第二歩に遺して、他日為す所あらん」と提案することによって、「一身独立」の課題達成は「第二歩に」先送りしたのである。

このように明治維新当初の福沢が、「傍若無人」「パワ・イズ・ライト」の国際関係のもとで、「一身独立」の課題を留保して「自国の独立」確保を優先課題として選択したこと自体は、決して誤りではない。問題は、『概略』第十章が日本の近代化の基本方針として、「先づ事の初歩として自国の独立を謀り、其他は之を第二歩に遺して、他日為す所あらんとする」構想（『全集』④二〇九頁）自体がはらむ問題性である。

「其他は之を第二歩に遺して、」における「其他」の中心的課題は、『すすめ』の「一身独立して一国独立する」という議論以来とのつながりから「一身独立」の課題であることは明らかである。また、「第二歩に遺して、他日為す所あらんとする」という表現は、丸山眞男をはじめ『文明論之概略』の論者の誰もが見落としているが、この時点での福沢のすぐれた文明論構想であったと評価できよう。

上記の構想と同じ節内の「国の独立は目的なり、今の我文明は此目的に達するの術《すべ》なり。」という構想が、「現今の日本に限りて、其議論も亦自《またおのず》から区域を狭くし、唯自国の独立を得せしむるものを目《もく》して、仮に文明の名を下だしたるのみ。故に今の我文明と云ひしは文明の本旨（本来の文明観。「国内の民主化」や「人権の確立」を指す）には非ず」（同右）とか、前頁の「此議論は今の世界の有様を察して、……今の日本の急に応じて説き出したるものなれば、固より永遠微妙の奥蘊《おううん》（極意、奥義）に非ず。」という福沢が繰り返した弁明は、「自国の独立」最優先路線が、本来の文明論から見れば「文明の本旨」や「永遠微妙の奥蘊」でないことを明らかに表明していたのである。裏返せば、この議論は、「自国の独立」だけでなく「一身独立」（「国内の民主化」や「人権の確立」）の課題を合わせ達成して、初めて日本の文明は十全に開化したと言えるという見事な文明論を福沢が意識・示唆していたと評価できよう。

悲劇は、以上のようなすぐれた文明論の展望を意識しながら、福沢が「自国の独立」達成の課題を最優先するために、「傍若無人」、「切捨」御免、「無情残刻」な「パワ・イズ・ライト」の帝国主義的国際関係のもとで「他を薄くし、害する」「自国の独立」最優先路線を選択したことである。問題は、国民がその路線を担う「報国心」＝排外主義的ナショナリズムを培うためには、差別的で排他的で非合理な「君臣の義」「上下の名分」「本末の差別」などの前近代的な精神や運動を総動員することを提案・要求したこと自体がはらむ問題である。

何故なら、まず「君臣の義」以下の精神・思想は、「一身独立」の精神と明らかに相容れない真逆の精神である。その前近代的な思想・運動・精神を総動員することは、「他日為す所あらん」としていた「一身独立」（「国内の民主化」や「人権の確立」）を必然的に封殺し先延ばしする日本的な近代化（「大日本帝国憲法」＝「教育勅語」体制）への道のりであった。

加えて、「他（国）を薄くし」「他（国）を害する」「自国の独立」最優先路線を選択する福沢は、現実の明治政府が一八七四年の台湾出兵と翌七五年の江華島事件で、アジア侵略を実際に開始する現実の道のりを支持し、前者による「五十万テールの償金」獲得を喜んだ（『全集』⑲五三九頁）。また後者によって、明治政府が過酷な不平等条約の日朝修好条規を朝鮮に強制した際の福沢は、『郵便報知新聞』社説において、「一国独立」の確保は「欧米諸国に対して竝立《へいりつ》の権を取」ることであり、「小野蛮国」の朝鮮が「来朝して我属国（植民地）と為るも、尚之を悦ぶに足らず。」（『全集』⑳一四九頁）と説いた。つまり、「自国の独立」の確保・達成のためには、アジア諸国の侵略は自明の課題として、福沢はアジア侵略路線の道を事実として爆走した。

そのため、「先づ事の初歩として自国の独立を謀」る構想が、先行的にとり組む短期間的な優先課題から、（極端に言えば一九四五年の敗戦による破綻までの）永続的な優先課題となり、福沢は、三年後の一八七八年『通俗国権論』で「政府の専制」や「内国政府の処置の如きは唯社会中の一局事」(『全集』④六三四頁)と表明するようになった。同様にして、「他日為す所あらん」とした国内の民主化による貴重な「一身独立」の課題はたえず放置されたままにとどまることとなった。

つまり『概略』第十章問題は、(アメリカ独立宣言のように)国民の基本的人権の確立・擁護が自明の理とならず、「自国の独立」確保が絶えず最優先されることによって、国家・国権の存在が自明の前提となり、国民が「国家の存在理由・政府の存在理由」を問う主権者意識の覚醒の道を閉ざしたのである。

『貧乏物語』の連載(『大阪朝日新聞』)で有名なマルクス主義経済学者・河上肇(京都帝大教授など)は、論文「日本独特の国家主義」(一九一一年三月、『河上肇著作集』第八巻、筑摩書房)において、ヨーロッパと日本の近代を対比して、〈「天賦人権、人賦国権」〉のヨーロッパ近代に対する日本の〈「天賦国権、国賦人権」〉の近代と図式化した。ヨーロッパでは個人の人権確立が自明の前提となって、その個人の人権確立のために国家がどの程度の権力をもつかが問題にされるのに対して、日本の近代では、国権確立が自明の前提となって、その国権確立のために、国家が国民にどの程度の人権を賦与・容認するかが決められると対比した。

自由民権運動のリーダー中江兆民の「個人是れ目的なり、国家是れ手段なり」(「国家の夢、個人の鐘」一八九〇年一〇月)は、〈「天賦人権、人賦国権」〉のヨーロッパ近代を目ざしていたと言えよう。

しかし福沢の『すすめ』=『概略』が目指した日本の近代化は、

①国民の人権の確立・擁護のためという「政府を立る所以」を(したがって「抵抗権・革命権」も)不問に付し、

②「一身独立」確立の課題も(結果的に生涯にわたり)放置し、

③「無情残刻」「傍若無人」の帝国主義的国際関係のもとで「自国の独立」を確保・達成するためには、

④「一国に私するの心」「偏頗の心」である「報国心」=排外主義的ナショナリズムが必要であるとして、

⑤その培養器として、「君臣の義」「上下の名分」「本末の差別」などの前近代的な精神や運動の総動員に着目し、

⑥なかでも「愚民を籠絡する……欺術」としての神権天皇制の抜群の効用・有用性を見抜いた。

福沢は、河上肇の言う「天賦国権、国賦人権」の「日本独特の国家主義」の道を、以下で考察するように、「大日本帝国憲法＝教育勅語」体制確立への道として、先導することになった。

小松茂夫が見事に解明したように、「暗い昭和」期の日本人が「国家の存在理由」を問うことの出来ない「訓練された政治的白痴」につくられ、『二十四の瞳』の主人公・大石先生も「歴史を空行く雲のように眺めている」だけの臣民であり、帝国大学卒の知識人の場合も「良心的兵役拒否」に類する行動を発想すら出来ないまま、進んで侵略戦争に協力するという受動的な国民にとどまったのは何故なのか？

その原因を日本の近代化の出発点に探る、という問題意識で『すすめ』＝『概略』の初期啓蒙期の福沢の思想の推移の考察にいささか深入りした。

『西洋事情初編』において、折角アメリカ独立宣言を名訳しながら、『すすめ』の福沢が「国家の存在理由」「政府の存在理由」を不問に付し、「抵抗権・革命権」も隠蔽して、国民を国法を「小心翼々謹みて守」り、政府による戦争や条約締結を「評議」出来ない臣民（！）の道へと啓蒙した事実を明らかにした。

『概略』になると、日本の近代化を「君臣の義」以下の前近代的な人間関係に依拠して推進し、「自国の独立」確保のためには、「国体論」や「暗殺攘夷」の排外主義的ナショナリズムを動員する方向に軌道を修正し、福沢は、以下で確認するように、明治の人民を「大日本帝国憲法＝教育勅語」体制下の「臣民」に形成し、その臣民にさらにアジア蔑視観をたれ流すことによって、近代日本が「脱亜入欧」のアジア侵略路線を驀進する道のりを啓蒙・先導したのである。

3　福沢はどこで「人権」から「国権」へと軸足を移したのか

自説を曲げるときの福沢の癖

以上の第2節において、福沢諭吉が明治の人民を、一見「人権」重視の初期啓蒙から「大日本帝国憲法」＝「教育勅語」体制下の「臣民」に囲い込み、その方向へと啓蒙した道のりを、『概略』第十章における排外主義的ナショナリズムへの軌道修正に探った。続いて同じ道のりを、福沢は、明治維新変革の評価替えを通して推進した。その論稿「国権可分《こくけんかぶん》の説」（『全集』⑲五二五〜五三八頁）は、慶應義塾が刊行していた啓蒙雑誌『民間雑誌』第一二編（一八七五年六月）に掲載された。

その掲載年月が、上記した『すすめ』や『概略』第九章までの啓蒙的姿勢から、『概略』第十章での「君臣の義」以下の前近代的な思想の受容と排外主義的ナショナリズムの主張への軌道の修正と同じ時期であることに、注目できよう。福沢は『すすめ』第八編以降の執筆と並行して、一八七四年三月頃から『概略』の執筆を開始し、翌七五年四月に書き上げて八月に出版した（『旧著』八二頁）。つまり、『概略』第十章における軌道修正を書き上げた直後に「国権可分の説」も書いたのである。

　したがって、同稿でも同じ軌道修正が主題となっている。啓蒙的姿勢の『すすめ』において福沢は、かつて維新当初の日本の「政府は依然たる専制の政府、人民は依然たる無気無力の愚民のみ。」（第四編）、「平民の根性は依然として旧の平民に異ならず、……其柔順なること家に飼たる痩犬の如し。実に無気無力の鉄面皮と云ふ可し。」（第三編）と厳しく現状批判をしていた。

　軌道修正をはかる福沢は、「国権可分の説」の冒頭で、「近日世に政を談ずる学者の説に云《いわ》く、……（維新から八年後においても）人民の無気無力なること依然として旧に異ならず。」と書いて、その「学者の説」を批判の俎上《そじょう》（まないた）に載せて、「余輩の所見は大に異なる所あり。」（『全集』⑲五二五頁）と書き起こすのである。この「学者の説」は上記の『すすめ』第三編の福沢の意見そのものである。

　福沢は自説を変更・修正する際には、変更前の自説をよく「学者の説」と表現して、自分の旧説をまるで他人の発言扱いをする。その上で福沢は明治維新への新たな評価を提示して、「学者の説」（つまり自分の旧説）の誤りの修正を主張するのである。

福沢は、イギリス革命とフランス革命の「人民と政府との争論」の歴史に論及して、日本の場合も、「其形は英仏に異なりと雖ども、既に此争論を実跡に見《あら》はして、大騒乱を経たるに非ずや。蓋《けだ》し其大騒乱とは、八年前の王政維新なるもの即《すなわ》ち是《これ》なり。」（同右、五二七頁）と指摘して、明治の「王政維新」を英仏のブルジョア民主主義革命と同類視し、維新変革の「成跡《せいせき》は遂に政府を倒して人民の方に権（力）を執りたることにて、今の（明治）政府は即ち人民より成立《なりたち》たるものと云はざるを得ず。」「今の日本の人民は自由の趣意を慕ひ、暴政府を倒して全権を得たるものなり。」（同右、五二七～五二九頁）という虚偽（維新によって国民の自由や平等は実現済み）を展開・主張した。

したがって福沢は、現状を（かっての自分同様に）「政府専制、人民卑屈」ととらえる「彼《か》の学者」の説に反対して、「此政府の専制は……其実は専制の余焔《よえん》（消え残り）のみ。……結局今の時勢は自由の進潮《さししお》にして専制の退潮《ひきしお》と云はざるを得ず……今日は政府も人民も唯自由の一方に向ふのみ。」（同右、五三二～五三四頁）と主張して、維新変革後の日本では、明治政府も人民も「唯自由の一方に向」かっているという、明らかな虚偽認識を表明したのである。

なぜか。

初期啓蒙期の福沢は、国家の存在理由を国民の基本的人権の確立・擁護とする「アメリカ独立宣言」を見事に名訳（『西洋事情初編』）しながら、肝心のその国家の存在理由を棚上げしたまま、「傍若無人」「パワ・イズ・ライト」の国際関係認識を強調して、『概略』第十章後半において、「自国の独立」確保を「最後最上の大目的」に設定した。そのため、社会契約思想を恣意的に利用して、『すすめ』において、一方的な「国法」への服従を啓蒙し、国民を国家の客体におしとどめたまま、いきなり「国のためには財を失ふのみならず、一命をも抛《なげうち》て惜むに足ら」ない滅私奉公の「一身独立」を要求したのである。

そして、「一国独立」確保・達成を最優先課題とした福沢にとっては、政府が「依然たる専制」かどうか、人民が「依然たる無気無力」かどうかはもはや不問に付していいこととなった。ところが鉄面皮の福沢は、明治維新についての「今日は政府も人民も唯自由の一方に向ふのみ。」という虚偽認識まで展開して、国民の目を「外国交際」に釘付けにして「自国の独立」確保を目指させることになったのである。その福沢の軌道修正の姿勢を、一八七五年六月の「国権可分の説」前後の福沢の他の発言に基づいて確認しよう。

同稿の前年、一八七四年七月以降に、福沢は（『すすめ』第一二編として起草された）遺稿「内は忍ぶ可し外は忍ぶ可らず」（『全集』⑲二二一〜二二七頁）において、『すすめ』初編から一一編までの執筆意図を「上下同権、共に日本国を守て独立を保たんとするの一事に在るのみ。」と書き起こした。福沢は、もともと「上下同権の説を主張するは、妄《みだり》に目上の者を犯して内々の争端を開くの趣意に非ず。詰る所は日本国中の人民をして共に与《とも》に国を守らしめんとて之を責《せめ》るものなり。」と書いた。（『すすめ』初編では「此一身の自由を妨げんとする者あらば政府の官吏も憚るに足らず。」と抵抗・反逆を勧めていた）啓蒙期の自分が「上下同権」「一身独立」を説いたのは、（それ自体の達成が目的であったのではなく）「外国の強敵に抗せしむるの調練《ちょうれん》（訓練）」であり、その目的は「以て外国交際に平均を得る」ためであったと主張して、「一身独立」自体の課題の棚上げを合理化した。

なぜそうなのかについて福沢は、『概略』第十章同様に、帝国主義的な国際関係の危機と厳しさを同稿においても次のように強調した。

舌に籍《たす》くに軍艦を以てし、筆に次ぐに鉄砲を以てし、……遂に我国を第二の印度に陥《おとしい》れんとするの目論見《もくろみ》ならん。万国公法（国際法上の自然権―国際法の教科書が

『万国公法』と中国語訳され、それが維新期に和訳もされた）は何処《どこ》にあるや。……公法は欧羅巴《ヨーロッパ》各国の公法にて、東洋に在ては一毫《いちごう》（ほんのわずか）の働をも為《な》さず。……今我日本に於て最大一の難事は外国交際に在りて、他は顧《かえりみ》るに遑《いとま》あらず（同右、二二五〜二二六頁）

同時に当時の日本は、『概略』第十章の軌道修正で、福沢が排外主義的ナショナリズムを打ち出したことに呼応して、すでに（上記遺稿の二カ月前の）一八七四年五月に（征韓論をめぐる内治先行論派が強行した）「台湾出兵」を開始していた（当時の陸軍総数の一割強を派遣）。その結果について福沢は、同年一一月の『明六雑誌』に「征台和議の演説」を寄稿して、「遂に支那をして五十万テールの償金を払はしむるに至たるは国のために祝す可し。……誰か意気揚々たらざる者あらん。余輩（私）も亦其揚々中の人なり。」と書き起こした。さらに福沢は、「抑《そもそ》も戦争は国の栄辱の関する所、国権の由《より》て盛衰を致す所」という重要なテーゼを紹介し、日本が将来「西洋諸国と屹立《きつりつ》（並び立つ）」するようになることが望ましいという歴史の展望を描き出した（『全集』⑲五三九〜五四二頁）。

『概略』出版の翌月にあたる、一八七五年九月、続いて日本軍は江華島を攻撃し、翌年、ペリーのやり方をさらに大規模にした軍艦八隻の「空前の壮観」の圧力のもと、明治政府は苛酷な不平等条約「日朝修好条規」を朝鮮に強制した。この場合も福沢は、同年一〇月の『郵便報知新聞』社説に「亜細亜諸国との和戦は我栄辱に関するなきの説」を寄稿した。アジア諸国との戦争結果は日本国の名誉や恥辱に無関係という社説の題名から理解できるように、至上課題としての日本の「一国独立」の可否は、「唯欧米諸国に対して」の問題であり、「欧米諸国に対して竝立《へいりつ》（並び立つ）の権を取り、欧米諸国を制するの勢を得るに非ざれば」、日本国の「真の独立」とは言えない（『全集』⑳一四九頁）、と福沢は主張した。

その主張との対比で福沢は以下のように「朝鮮交際の利害を論」じた。

此国……亜細亜洲中の一小野蛮国にして、其文明の有様は我日本に及ばざること遠しと云ふ可し。……仮令《たと》ひ彼より来朝して我属国（植民地）と為るも、尚且《なおかつ》之を悦《よろこ》ぶに足らず。……之に勝て栄とするに足らず、之を取て利するに足らず。

（同右、一四八〜一四九頁）

福沢の朝鮮観を示す確信的な言葉なので、現代語訳しよう。

朝鮮はアジアの中の小さく野蛮な国であり、その文明の度合いは私たち日本の文明には遠く及ばない国である。だから、たとえ朝鮮から頭を下げて日本の植民地になったとしても、とても嬉しくない出来事である。……かりに戦争をして朝鮮に勝っても日本の名誉とは言えず、朝鮮を日本の植民地にしても日本の利益にはならない。

福沢の愚民観

次は、福沢美化論者たちは見落としているが、注目すべき「覚書」の記述である。福沢の軌道修正は、アジア侵略の排外主義への傾斜とともに、日本の近代化を「君臣の義、先祖の由緒、上下の名分」などの前近代的な人間関係に依拠する方向に向かい始めていた。それに対応して、初期啓蒙期に日本人の「柔順」「卑屈」「君臣の倫《みち》」などへの批判を書いた福沢が、一八七五年秋から七八年五月にかけて書き残した「覚書」の中では、「日本の人心は、正に国王の聖徳《せいとく》を信じ、相将《そうしょう》の賢才を信じ、先生を信じ、頭取を信じ、親方を信ずるの時代なり。」(『全集』⑦六六二頁)と書くことで、日本人の前近代的な人間関係を許容する姿勢をさらに示し、遠からぬ時期に、福沢が天皇制を積極的に選択していく道への露払いを行った。

同様に保守化に向かう福沢が選択したのが、（一般大衆を意味する）「馬鹿と片輪」のための宗教啓蒙路線である。その発端が『概略』刊行の翌一八七六年一一月に（『民間雑誌』の後継誌）『家庭叢談』第一八号に掲載した次の「宗教の必用なるを論ず」である。

望む所必ずしも理屈に適《かな》はずとも事実に於て慥《たしか》に功能あらば之を善とし利益ありと認む可し。……信仰……愚にもせよ、理屈に適はぬにもせよ、苟《いやしく》も美事を成すとあれば之を如何《いかん》ぞ功能なしと云ふ可けんや。……畢竟《ひっきょう》先生たちは今日の世の中を高く買ひ過ぎ、智者善人の世の中と誤認……耶蘇《やそ》なり、阿弥陀様なり、不動様なり、豈《あに》其功能なしと云ふ可けんや。夜盗流行すれば犬を養ひ、鼠跋扈《ばっこ》すれば猫を飼ふ。今の世の中に宗教は不徳を防ぐ為めの犬猫の如し。一日も人間世界に欠く可らざるもの（『全集』⑲五八五～五八七頁）

丸山眞男からは「つねに原理によって行動」する「全く新たなる人間類型……の育成を

志した」（『丸山集』③一二七頁）と評価された福沢の、このあらわな愚民観を、現代語訳しておこう。

一般大衆が宗教で願うことが理屈に合わないものであっても、実際に（嘘をつかないとか盗みをしないという）たしかな結果を生んでいるなら、それは善行でありご利益があったものと評価すべきである。……信仰というものは愚かしく理屈に合わないものでも、少なくとも褒めるような結果をもたらすなら、どうしてこれを功能がないと言えるか。……つまり学者先生たちは現実の世の中を買いかぶり過ぎて、今の世の中を智者や善人だらけの世界と誤認しているのである。……キリスト教や阿弥陀如来や不動信仰を、どうして功能がないと言えるか。夜間の泥棒が多くなれば人は犬を飼い、鼠が暴れまわれば猫を飼うではないか。今の世の中では、宗教は一般大衆が不徳に向かうのを防ぐ犬や猫の役割を果たしており、一日たりとも人間の世界に欠かしてはならない存在である。

愚かな一般大衆を社会の現状に眠らせる宗教の役割を、福沢がもっとあけすけに表現したのが一八八一年頃の「宗教の説」である。これは、一般庶民を「馬鹿と片輪」視した福沢が、三田演説会で語った演説の草稿とされている、

世の中に片輪のあらん限りは其教《おしえ》も亦甚《またはなは》だ入用なり。……馬鹿と片輪に宗教、丁度よき取合せならん（『全集』⑳二三二頁）

である。『福翁自伝』で少年期からの無神論を自負していた福沢は、宗教を愚民支配の経世の重要な要具として、これ以後、（社会の安寧、秩序維持のために）生涯で一〇〇篇をこす「馬鹿と片輪」のための宗教振興論を展開した。

軌道修正の転機③——自由民権運動を敵視する

問題の『概略』第十章「自国の独立を論ず」は、冒頭の第一文節において、「抑《そもそ》も文明の物たるや極《きわめ》て広大にして、凡《およ》そ人類の精神の達する所は悉皆《しっかい》其区域にあらざるはなし。外国に対して自国の独立を謀るが如きは、固より文明論の中に於て瑣々たる一箇条に過ぎ

ざれども、……」（『全集』④一八三頁）と書き起こしたうえで、それにもかかわらず、同書の結論として、「今の日本国人を文明に進《すすめ》るは此国の独立を保たんがためのみ。故に、国の独立は目的なり、国民の文明は此目的に達するの術なり。」（同右、二〇七頁）という基本的な方針を提起していた。

だから「此議論は今の世界の有様を察して、今の日本のためを謀り、今の日本の急に応じて説き出したるもの」と断って、福沢は「故に今の我文明と云ひしは文明の本旨には非ず、先づ事の初歩として自国の独立を謀り、其他は之を第二歩に遺《のこ》して、他日為す所あらんとするの趣意なり。」（同右、二〇八〜二〇九頁）と説明していた。つまり、「自国の独立」を達成すれば、「第二歩に遺し」た「文明の本旨」の課題（「国内の民主化」や「人権の確立」）の追求・達成を「他日為す所あらん」と、福沢は社会的に公約していたのである。

ところが、近代日本における民権の確立を目ざす自由民権運動の高揚に遭遇した福沢は、「他日為す所」と自ら約束していた「一身独立」などの課題の追求という貴重な公約に背を向けた。一八八一年『時事小言』において、「無遠慮に其（亜細亜東方の）地面を押領して、我手を以て新築（植民地支配）」（『全集』⑤一八七頁）するという、「強兵富国」のアジア侵略の対外路線を提示し、翌年の『帝室論』では「愚民を籠絡する」欺術《ぎじゅつ》（馬鹿な国民をたぶらかすための騙しの政治装置）としての天皇制の対内路線を提起して、不動の保守思想を確立した。以後福沢は、生涯を通じて貴重な公約の「一身独立」の課題追求を、完全に封印・放置する思想の道を歩んだ。

もちろん福沢は、一八八一年『時事小言』と八二年『帝室論』でいきなり不動の保守思想を確立したのでなく、七八年『通俗民権論』『通俗国権論』の同時出版、七九年『通俗国権論』第二編、同年『民情一新』などによって、その思想的準備を進めてきた。

まず『通俗民権論』では、明治「政府は既に封建の大名を潰《つぶ》し士族を倒したり。民権を重んずるの実證これより明《あきらか》なるはなし。」（『全集』④五七五頁）と書いて、廃藩置県の実施が民権確立の証左と言わんばかりの消極的姿勢を示した福沢は、一八七四年の「民選議院設立建白書」提出に始まり、全国的な国会開設要求運動に発展しつつあった自由民権運動に対しては、国会開設時期尚早論を主張し、民権運動を「大勢寄集りて無理無法に乱暴を働く」「恰も無頼者の巣窟」（同右、五七七、五九一頁）などと批判した（「明治一四年の政変」前の八〇年末の伊藤博文、井上馨、大隈重信の政府三首脳との会談で、民権運動を批判・排除する政府新聞の発行担当を依頼された際、福沢は即座に承諾した）。

同時出版の『通俗国権論』では、「日本の文明……既に固有の文明あり、何ぞ故《こと》さらに之を棄《すつ》ることを為《せ》んや。」（同右、六二四頁）と復古的な姿勢を示唆し、「外国と権を争ふ」ことが「全面の大利害」であって、「政府の専制」や「区々たる内国政府の処置の如きは唯是れ社会中の一局事」であって「深く恐るるに足らず」（同右、六三二頁）と主張した。

大利害の国際関係の現状は、「百巻の万国公法は数門の大砲に若《し》かず、幾冊の和親条約は一筐《きょう》の弾薬に若かず。大砲弾薬は以て有る道理を主張するの備《そなえ》に非ずして無き道理を造るの器械なり。……各国交際の道二つ、滅ぼすと滅ぼさるるのみと云て可なり。……要するに我日本の外国交際法は、最後に訴《うったえ》る所を戦争と定め、……」（同右、六三七〜六三八頁）というあらわな武力外交の世界であることを、福沢は自明の前提としていた。

そのため、「最第一の緊要事は、全国人民の脳中に国の思想を抱かしむるに在り。」（同右、六三九頁）とナショナリズムの重要性は指摘したが、その社会的基盤としての「一身独立」確立の方策は棚上げし、「政府の専制は……咎《とが》むるに足らず」（同右、六三四頁）と主張する福沢であるから、そのナショナリズムの振興策は乱暴な構想たらざるを得なかった。

「報国の心は殆ど人類の天性（生まれながら）に存するものにして、……」という（かつては自身も否定していた）当てにならないものしか構想できない福沢であるため、一国の人心を興起して全体を感動せしむるの方便は外戦に若《し》くものなし。神功皇后の三韓征伐……豊太閤の出師《すいし》（朝鮮出兵）……戦争の人心を感動して永年に持続するの力は強大なるもの……我人民の報国心を振起せんとするの術は、之（外国）と兵を交《まじわ》るに若くはなし。……一、二勝敗の損失を以て全国人民の報国心を振起し、百年の利益に見込あれば其損失は憂《うれう》るに足らざるなり（同右、六四〇～六四三頁）

という、戦争による「報国心」振起という乱暴極まりない愛国心の培養・振起論であった。翌一八七九年二月刊の『通俗国権論』第二編の「国人の不平鬱積《うっせき》を緩和して社会の秩序を維持せんとするには、……全国の人民をして外国交際の困難を知らしめ、以て我立国の本《もと》を堅くせん……。／敵国外患は内の人心を結合して立国の本を堅くするの良薬なり。」（同右、六五九～六六〇頁）は、逆に「敵国外患」を国内秩序の維持にも転用しようという、やはり乱暴な権謀術数的な構想であった。

以上のように保守化の筆を進めてきた福沢は、「強兵富国」策を宣言した『時事小言』第一編「内安外競《ないあんがいきょう》之《の》事《こと》」の冒頭で、「天然の自由民権論は正道《せいどう》にして人為の国権論は権道《けんどう》なり。」と書いて、自由民権論が本来「正道」であることを認めながら、あえて自分は「権

道（目的達成のための不正手段）」の国権論を選択すると宣言した。したがって、同じ第一編で、

他人権謀術数《けんぼうじゅっすう》（巧みに人をあざむくはかりごと）を用れば我亦これを用ゆ。愚なり暴なり又権謀術数なり、力を尽して之を行ひ、復《ま》た正論を顧るに遑《いとま》あらず。蓋《けだ》し編首（第一編の冒頭）に云へる人為の国権論は権道なりとは是の謂《いい》にして、我輩は権道に従ふ者なり。

と書いた。

つまり、「正道」の自由民権論を拒否して「権道」の国権論を選択した福沢は、自分が志向するアジア侵略路線が「権道」であることは自明の事実と認識しながら、かりに「愚」劣で「暴」力的で「権謀術数」的と非難されようが、自分は「正論を顧る」ことなく「力を尽して」国権確立の権謀術数の道を爆走することを宣言したのである。

国内の民主化や「一身独立」確立の課題を生涯放置し、「強兵富国」のアジア侵略路線を選択した福沢は、かくして「内国政府の処置の如きは唯是れ社会中の一局事」（『通俗国

権論』)、「内の政権が誰れの手に落るも……此政府を以てよく国権を皇張《こうちょう》（拡張）するの力を得れば、以て之に満足す可し」「吾輩畢生《ひっせい》（生涯）の目的は唯国権皇張の一点」(「藩閥寡人政府論」)のみと、もっぱら「国権拡張」を呼号するようになったのである。

天皇制を利用することを思いつく

以上のように自由民権運動には敵対しながら、ひたすら「自国の独立」を権謀術数的に謀ろうとする福沢の稚拙な思想の歩みをたどって行くと、「愚民を籠絡する」欺術《ぎじゅつ》として の天皇制への着目と帰着は、必然の道のりであると同時に、保守思想家としては、私には見事な発見であると思われる。

ただし、先行研究では（山田昭次・立教大学名誉教授を例外として）、一八八二年『帝室論』が天皇制の本質を「愚民を籠絡する」欺術と見抜いた福沢の見事な発見であるとして注目されてこなかった（福沢天皇制論は象徴天皇制論という理解・誤読が主流であった）ことには、ある事情があった。

『帝室論』では、

人或は立君の政治を評して、人主（支配者）が愚民を籠絡《ろうらく》するの一欺術などとて笑ふ者なきに非ざれども、此説を作す者は畢竟《ひっきょう》（結局）政治の艱難《かんなん》に逢はずして民心軋轢《あつれき》（不和）の惨状を知らざるの罪なり（『全集』⑤二七一頁）

と書かれていた。現代語訳すれば、

一部の人間が、君主制の政治は馬鹿な国民をたぶらかすための騙しの政治装置であると冷笑する者がいるが、そういう説を主張する者は、つまるところ政治の難しさを経験したことがなく、民心の不和対立の激化がもたらす惨状を知らないからである。

と批判して、福沢は国会開設後に党派や民心が対立抗争する政治の難しさを知れば、君主制の必要性が理解できるはずであるという方向に議論を進めているのである。

福沢は、上記の文章に直接続けて次のように書いていた。君主制（天皇制）は「愚民を籠絡する」欺術であると冷笑するのは、青年の書生輩が二、三の書を腹に納め、未だ其意味を消化せずして直に吐く所の語なり。試に思へ、我日本にても（国会開設後）政治の党派起りて相互に敵視し、積怨《せきえん》日に深くして解く可らざるの其最中に、外患の爰《ここ》に生じて国の安危に関する事の到来したらば如何《いかに》するや（同右、二七二頁）

と。現代語訳すると、天皇制の本質を批判するのは、

民権運動を担っている若い連中がラディカルな書籍を二、三冊読んだだけで、その真意を理解できないまま軽はずみにする（天皇制への）批判発言である。例えば、日本でも国会が開設されると、いろいろな政治的党派が生じて、互いに対立抗争するようになり、つもる怨みや軋轢が深まって打開できない状態になった最中に、外国とのトラブルが発生して国の安全が脅かされる事態となったら一体どうするのか。

と、福沢は反論しているのである。

それに対して『帝室論』の福沢は、「今後国会を開設して政党の軋轢を生ずるの日」に備えて、「内政の艱難に際し、民心軋轢の惨状を呈するに当て、其党派論には毫も関係する所なき一種特別の大勢力を以て雙方《そうほう》を緩和」することが必要になるとして、「人心収攬の一大中心」となって「内に社会の秩序を維持して外に国権を皇張」する「宝玉」こそが「我帝室」(同右、二七二〜二七九頁)であると主張したのである。

したがって、福沢は当初、「歴代の天皇を見るに、其不明不徳は枚挙に遑《いとま》あらず。」と天皇制への批判意識を表明しながら、『概略』第十章後半においてすでに、「君臣の義」「忠臣義士の論」などを受容する方向に軌道を修正していたのである。

上記の(ナショナリズムをかきたてる)乱暴な愚策の数々のように、「自国の独立」を謀るための有効な施策や理論を見いだせないまま暗中模索を続けていた福沢は、自由民権の「青年の書生輩」と異なり、「愚民を籠絡する」欺術という天皇制論=「王室の功徳」の本質を見事に見抜き、青年書生輩に代わって、天皇制の積極的主張者に変心したのである。

軌道修正の転機④——労働運動・社会主義運動に対する恐怖

『時事小言』によるアジア侵略路線と『帝室論』による神権天皇制への福沢の思想的転換をもたらしたもう一つの大きな契機は、一八七九年『民情一新』緒言における欧米「先進」諸国についての福沢の新たな認識の獲得であった。福沢によると、日本の近代化のモデルと考えてきた欧米「先進」諸国において、労働者が賃上げのストライキをする「風俗」が「近来に至て益《ます》熾《さかん》」となり、その社会主義・労働運動で「方今「チャルチスム」（チャーティスト運動、普通選挙権運動）と「ソシャリスム」（社会主義）と二主義の流行……今日の西洋諸国は正に狼狽して方向に迷ふ」（『全集』⑤八〜一〇頁）という状況を迎えていた。

そうした西洋諸国の危機的な状況の中でも、「良く時勢に適して国安を維持するものは……英国の治風是なり」（同右、四二頁）と、福沢は、なおイギリス流の立憲君主制を支持していた。ところが新たな知見として、プロイセンの鉄血宰相ビスマルクが社会主義者鎮圧法によってドイツの自由主義運動・革命運動をよく抑え込んでいる事実を認識するようになった福沢は、伊藤博文に倣って、強権的なプロイセン流の君主制支持へと軌道修正をはかった。

その選択を合理化したのが一八八四年の連載社説「開鎖論」の「我輩の眼を以て見れば独逸（ドイツ）も亜米利加も共に西洋にして、……亜米利加流を排して独逸風に従はんと云ふも、其実は西洋の文明を脱社《ぬけだ》したるに非ず、云はば西洋流を以て西洋流を排せんとするものに異ならざるなり」であった（『全集』⑨四九六頁）。

「最も恐る可きは貧にして智ある者」――富裕層と貧困層を分ける教育構想

早い時期（一八七九年『民情一新』）から西洋「先進」諸国の労働運動・社会主義運動への不安・懸念を表明していた福沢は、帝国憲法発布翌月の論説「貧富智愚の説」において、この世で「最も恐るべきは貧にして智ある者なり。」という予見的な認識を表明し、その「貧智者」が将来「同盟罷工（ストライキ）」、賃上げ、労働時間の短縮等を要求し、「社会党」や「虚無党」を組織するようになるという（先進資本主義諸国に学んだ）警鐘（『全集』⑫六三〜六四頁）を繰り返しならし続けた。

以後、資本主義的な社会体制の守護者を任じる福沢は、「我政治社会に過激主義の現出することと意外に迅速」（一八九一年『全集』⑫六〇八頁）、「遠くはコンムニズム（共産主義）とレパブリック（共和主義）の漫論を生ずる」（九七年『全集』⑲八〇二頁）、「我国における社会問題の争《あらそい》は……必ず激烈なるものある可し」（一九〇〇年『全集』⑯六六七頁）という予想・懸念を表明し、社会体制擁護のための宗教の奨励、慈善事業の勧め、移民奨励などと並んで、「最も恐るべき」貧智者が生じないようにするため、貧民子弟を中・高等教育機関から排除する「日本教育全般の組織」の改革を熱心に提唱した。

その反動的な主張の正当性を裏付けるために福沢は、「豪農、富商、良家」の子弟は先天的に遺伝の能力が優れているという〈遺伝絶対論〉（『全集』⑧「遺伝之能力」六〇頁）と、〈学問・教育＝商品論〉を主張・展開した。後者は、資本主義社会では学問教育も「商品」であり、「家産豊《ゆたか》にして父母の志篤《あつ》き者が子の為めに上等の教育を買ひ、資力少しく足らざる者は中等を買ひ、中等より下等、……段々限りある可からず。」となるのは、「社会の今の組織に於て到底免かる可からざるの不平均にして……俄《にわか》に人間社会の組織を改めんとするも」、人間の力ではどうにもならないという自由主義的教育の主張（『全集』⑪「教育の経済」三〇九頁）であった。

低賃金・長時間労働・児童労働保護拒否を主張・称揚

一八九三年『実業論』で「英国の工場に比して……、工場の事業に昼夜を徹して器械の運転を中止することなきと、職工の指端機敏……加ふるに賃金の安きと、此三箇条は英国の日本に及ばざる所なり。」(『全集』⑥一七六頁)と、低賃金・長時間労働の日本資本主義の長所を主張した福沢は、九七年の政府による労働時間短縮等の労働者保護政策の「工場法」立案に猛然と反対した。

反対の論拠①は、日本の「雇主と雇人との関係」には「此上もなき美風」(温情主義的な労資関係)があって、両者の関係が「甚だ円滑」だから、法律による規制は不要である(『全集』⑮「資本主と職工」)。

論拠②は、原生的で劣悪な労働関係のもとでせっかく無自覚、無権利の状態にある日本の労働者の「所謂智恵のない子に智恵を付け」て、工場法制定が労働者を権利意識に目覚めさせるというものであった(『全集』⑯「翻訳条例は断じて思ひ止まる可し」)。

論拠③は、労働者が「早朝より夜間まで正しく一六時間もしくは一八時間労働する」のは自ら好んでそうする「任意労働」であるのに、労働時間を制限すれば、彼らの「労働の自由」(!?)を束縛し、「貧民を飢ゑ」させる結果になるという意見であった(『全集』⑯「職工条例は翻訳条例なる可し」)。

さらにひどい後述の論拠④によって、かつて『学問のすすめ』を説いた福沢は、工場法による大半無教育の多数の工場労働児童の義務教育就学に断乎反対した。

わが国最初の労働組合(職工義友会)の一八九七年の檄文が「頑是《がぜ》なき子供さへも機械と共に働くこととなり……身体繊弱なる小児をして大人さへも長きを喞《かこ》つ労働時間に服さしむる」残酷な労働実態を告発したように、日本の産業革命期をとおして労働者のほぼ一割にあたる四万から七万の学齢児童(八割が女児)が、そのうち六割から七割が『女工哀史』の紡績・織物・製糸の繊維産業で働き、ついでマッチ、ガラス等の化学工業で働いていた。

福沢は、児童労働を年齢制限する工場法について「一つには教育の時機を誤らざらしめ、また一つには幼者の身体を保護」する精神であることを十分承知・認識していた。にもかかわらず、福沢は、「苟《いやしく》も学校の教育を受けしむ可き余裕ある人民ならんには、誰れか幼年の子弟を工場に出入せしむるものある可けんや」(かりにも子どもに学校教育を受けさせることの出来る余裕のある人民だったら、誰が幼いわが子を〝悪魔の〟工場に入れて働かせたりする者がいるか）と指摘して、もともと「到底就学の見込」がなくて工場で働いている貧民児童は、むしろ働かせることによって「遊惰に導て悪風に染めしむるの結果」（非行少年や非行少女になること）を防ぐことが出来る、と主張した（『全集』⑯同右）。

これが福沢の工場法反対の論拠④である。もちろん、貧民労働児童の小学校就学を福沢が断乎拒否した理由は、工場労働者の一割近い彼らの多数の存在が、低賃金・長時間労働の日本資本主義の「長所」を下支えしていたからである。

「富国強兵」ではなく、「強兵富国」を目ざす

アジア侵略路線を提示した一八八一年『時事小言』において、福沢は、常識的に考えられる「富国強兵」ではなく「強兵富国」策を目指すという意向を表明したという問題がある。その意味と意図を確かめよう。

これまで見てきたように、一八七八年『通俗国権論』において、「大砲弾薬は以て有る道理を主張するの備《そなえ》に非ずして無き道理を造るの器械なり。……要するに我日本の外国交際法は、最後に訴《うったえ》る所を戦争と定め」とか、「我人民の報国心を振起せんとするの術は、

之（外国）と兵を交《まじえ》るに若《し》くはなし」と、福沢は、あらわな武力外交の勧めを説いてきた。

三年後、「無遠慮に其（亜細亜東方の）地面を押領して、我手を以て新築（植民地支配）するも可なり。」というアジア侵略路線を初めて本格的に提示した『時事小言』（『全集』⑤一八七頁）においても福沢は、「金と兵とは有る道理を保護するの物に非ずして、無き道理を造るの器械なり……他人権謀術数を用れば我亦これを用ゆ。」（同右、一〇八頁）、「苟《いやしく》も今の世界の大劇場に立《たち》て西洋諸国の人民と鋒《ほこ》（覇権）を争はんとするには、兵馬の力を後にして又何物に依頼す可きや。武は先にして文は後なりと云はざるを得ず。」（同右、一六九頁）という同様の議論を展開したうえで、次のように書いた。

富国強兵の法は、誠に此語の順序の如く、先《ま》づ国を富まして然《しか》る後に兵を強くするの策に及ぶ可し、苟《いやしく》も富国にして強兵ならざるはなし、富は強の本《もと》なりとの言あり。此言道理に於て然るが如くに聞《きこ》ゆれども、社会の事跡に於ては往々然らざるものあり。支那……富国……兵決して強からず、……結局支那の盛衰は今後其兵の強弱如何に関するのみ、富は依頼するに足らざるなり。（同右、一七六〜一七七頁）

「先づ国を富まして然る後に兵を強くする」「富国↓強兵」策が道理にかなっているように思えるが、世界史の歩みを見ると「然らざる」事例があるという福沢の主張は、直接には「強兵富国」策という表現をしていないが、「強兵富国」の勧めと解釈することが出来よう。なぜなら、福沢自身が同書のこの後で、「本編立論の主義は専ら武備を盛にして国権を皇張するの一点に在り。」（同右、一八三頁）と書いており、さらに、「我武備を厳にして国権を皇張せんとする其武備は、独り日本一国を守るのみに止まらず、兼て又東洋諸国を保護して、治乱共に其魁《さきがけ》を為さんとするの目的なれば、其目的に従いて規模も亦遠大ならざる可らざるなり。」（同右、一八七頁）と書いていた。

つまり、福沢にとって「強兵富国」策は、たんに国権確立に有効であるだけでなく、日本が軍事大国となることによって、「東洋諸国を保護」して（西洋列強同様の）植民地支配の強国（帝国）になっていく構想につながることを、福沢は示唆・展望していたのである。

現実の日本の近代化の歩みも、以下で見るように、日本が軍事大国となり、権謀術数的な軍国主義政策による繰り返すアジア侵略によって、日本は急速に資本主義的発展を遂げているのである。その意味において私は、教科書の記述一般の「富国強兵」策という表現は、日本史の場合は、「強兵富国」策と改めることが望ましいのではないかと、大真面目に考えている。

「人の上に人」「人の下に人」を造る

初期啓蒙期の福沢は、「支那、……亜細亜の諸国」は日本と同じ文明「半開の国」と認識しており（『概略』第二章）、例えば一八七六年には、「朝鮮人は唯頑固の固まりにて、外国船とさへ見掛ければ直に発砲するが如きは恰も我国の往時の如し。」（『全集』⑲「要知論」五七九頁）と書いているように、朝鮮・中国へのもともとからの丸ごとの蔑視観は持っていなかった。

ところが、一八八一年『時事小言』で「専ら武備を盛にして国権を皇張する」「強兵富国」策と「無遠慮に其地面を押領して、我手を以て新築する」植民地支配のアジア侵略路線を確立した福沢は、翌八二年に社説「朝鮮の交際を論ず」を書いた。

> 朝鮮国……未開ならば之を誘ふて之を導く可し、彼の人民果して頑陋《がんろう》（頑迷固陋）ならば……武力を用ひても其進歩を助けん（『全集』⑧二九～三〇頁）

と主張して、福沢は、「文明」に誘導するという名目で武力行使と侵略を合理化した。つまり、朝鮮や中国が野蛮で「頑迷固陋（自分の考えや古い習慣にかたくなに執着して、新しい時代に合った判断ができない状態）」であることが、武力行使の容認・合理化につながるという（欧米「先進」諸国の）帝国主義的な「文明の論理」に日本も追随するという宣言である。

その結果、アジア侵略路線を確立した福沢は、朝鮮・中国への丸ごとの蔑視・偏見・マイナス評価のたれ流しを開始した。その様相は、すぐあとで見る通り、一八八二年の「壬午軍乱」、八四年の「甲申政変」前後の「朝鮮人……極めて頑愚……凶暴」「頑冥倨傲《きょごう》（おごりたかぶっている）」「無気力無定見」「朝鮮……妖魔悪鬼の地獄国」「支那人民の怯懦（臆病で意志が弱い）卑屈は実に法外無類」「チャイニーズ……恰《あたか》も乞食穢多《えた》」「支那人……奴隷と為《な》るも、銭さへ得れば敢て憚《はばか》る所に非ず」「朝鮮国……滅亡こそ……其幸福は大」などという発言である。

福沢のアジア諸国民へのヘイトスピーチのリストを見る前に、彼の日本の民衆（民衆一般、被差別部落民、アイヌ先住民族、琉球民、障害者、女性など）への差別意識も見ておこう。

日本人なら誰でも知っている「天は人の上に人を造らず、人の下に人を造らず」という『すすめ』冒頭句との関係で、福沢が人間平等論者という真逆で最大の「丸山諭吉」神話の誤解が今も続いているからである。

福沢は人間を平等にしたら、社会がうまく治まらないという哲学まで主張した、確信犯的な差別主義者であった。例えば福沢は、日本の民衆一般を「土百姓」「下民」「無気無力の愚民」「無智の小民」「百姓車挽《くるまひき》」「馬鹿と片輪」「下等社会素町人土百姓の輩《やから》」などと蔑称しただけでなく、「所謂《いわゆる》百姓町人の輩は……社会の為に衣食を給するのみ……獣類にすれば豚の如きもの」「馬鹿と片輪に宗教、丁度よき取合せならん」、維新当初の「徴兵制、地租改正、学制」反対の一揆に参加した農民は「馬鹿者」「賊民」「愚民」、貴重な自由民権運動への参加者は「無智無識の愚民」「無分別者」「神社の本体を知らずして祭礼に群集するに似たり」などと蔑視・批判をした。

つぎに、アイヌ先住民族、障害者、被差別部落民、娼婦などの被差別者集団への蔑視事例を列挙しておこう。「北海道の土人の子を……辛苦教導するも……慶應義塾上等の教員たる可らざるや明なり……遺伝の智徳に乏しければなり」。人間にとって「不忠不孝」は「恰も白痴（極度の知的障害者）瘋癲《ふうてん》（精神障害者）の所業」。「売婬を以て業とする者は、之を人間社会の外に擯斥《ひんせき》して……恰《あたか》も封建時代の穢多《えた》村の如くして……」。

公娼制度の積極的賛成論者の福沢は、娼婦を一方で「身を棄てて衆生済度《しゅじょうさいど》（人々を苦しみから救うこと）」につくす親鸞・日蓮上人同様の「濁世《じょくせ》（濁り汚れた世）のマルタル（殉教者）」「仁者（なさけ心の深い人）」と呼びながら、他方で、売買春を「人類の最下等にして人間社会以外の業」と呼び、娼婦を「人倫の大義に背《そむ》きたる人非人《にんぴにん》（ひとでなし）」「無智無徳破廉恥の下等婦人」「夜叉《やしゃ》（人を害する鬼神）鬼女」「人間以外の醜物」などと蔑称した。

「賤族あれば貴族あり」の精神で、福沢が逆に「人の上の人」の明治天皇や皇室を尊崇・賛美した発言も無数である。

帝室は……万世無窮の元首にして、世界中最も尊く、最も安《やすらけ》く、又最も永く、実に神聖無比の国君（一八八九年、『全集』⑫「日本国会縁起」四二頁）

実に今上陛下の御功業は神武天皇以後、……之を世界古今に求むるも、僅々三十年間の御治世に於て、斯くの如き非常絶大の大偉蹟を収めさせられたる例はある可らず。

吾々日本臣民……誰れかますます感激して報效（恩に報いて力をつくす）を思はざるものあらんや。（一八九五年、『全集』⑮「御還幸を迎え奉る」一七二〜一七三頁）

日本の帝室は……万世一系、宝祚《ほうそ》（天子の位）の盛なる天壌と与《とも》に極《きわま》りある可らず。殊に一般臣民の帝室に忠誠なるは世界に其類を見ざる所にして、苟も帝室の為めとあれば生命尚ほ且つ惜むものなし。況《いわ》んや財産に於てをや。（一九〇一年、『全集』⑯「帝室の財産」六八三頁）

中国の張承志『中国と日本』が「かくも露骨な他者への差別意識……が活字となって印刷されていることに目を疑うばかり」（四一頁）で、中国人にとって「創傷は深く骨にまでおよび、誰しもの心のなかに憤りや屈辱がまとわりついている」（三九四頁）と書いた「ヘイトスピーチの元祖」福沢諭吉のアジア諸国民に向けての差別発言のリストを列記しておこう（次頁以下参照）。

福沢諭吉　朝鮮・中国・台湾への「ヘイト」発言（年代順）

朝鮮に対する差別発言	出典／丸数字は『福沢諭吉全集』（岩波書店）巻数
朝鮮……小野蛮国にして……彼より来朝して我属国と為るも之を悦ぶに足らず。	一八七五年「亜細亜諸国との和戦は我栄辱に関するなきの説」⑳
朝鮮は尚未開なり。……遂に武力を用ひても其進歩を助けん……我日本……既に盟主たり	一八八二年「朝鮮の交際を論ず」⑧
朝鮮人は未開の民……極めて頑愚……凶暴	一八八二年「朝鮮元山津の変報」⑧
朝鮮人……頑冥倨傲（がんめいきょごう）	一八八二年「朝鮮新約の実行」⑧
朝鮮人の無気力無定見なる……	一八八三年「朝鮮国を如何すべきや」⑧
朝鮮……妖魔悪鬼の地獄国	一八八五年「朝鮮独立党の処刑」⑩
支那……朝鮮……此二国……残刻不廉恥（ざんこくふれんち）を極め、尚……自省の念なき者の如し。……分割に帰す……一点の疑あることなし。……正に西洋人が之に接するの風に従て処分す可きのみ。	一八八五年「脱亜論」⑩
朝鮮国……滅亡こそ寧ろその幸福を大に……朝鮮国民……露英の人民たるこそ其幸福は大	一八八五年「朝鮮人民のために其国の滅亡を賀す」⑩
朝鮮……野蛮国の悪風これを聞くも忌わしき次第なり。……箇様（かよう）なる国は一日も早く滅亡する方天意に叶ふ	一八八六年　在米の息子二人への書簡⑱
東学党……烏合の衆	一八九三年「朝鮮の今情」⑭
東学党の騒動……百姓一揆の類	一八九四年「朝鮮東学党の騒動に就て」⑭
朝鮮人……上流は腐儒の巣窟、下流は奴隷の群集	一八九四年「兵力を用いるの必要」⑭
朝鮮国……国にして国に非ず	一八九四年「土地は併呑す可らず国事……」⑭

朝鮮人……軟弱無廉恥の国民	一八九四年「破壊は建築の手始めなり」⑭
朝鮮……人民は正しく牛馬豚犬	一八九五年「改革の勧告果して効を……」⑮
朝鮮国は文明の点に於て四肢麻痺して自動の能力なき病人の如く	一八九五年「朝鮮問題」⑮
朝鮮人……の頑冥不霊（ふれい）は南洋の土人にも譲らず	一八九八年「対韓の方針」⑯
卑劣朝鮮人の如し	一八九九年『福翁自伝』⑦

中国に対する差別発言	出典／丸数字は『福沢諭吉全集』（岩波書店）巻数
支那人……数千年来陰陽五行の妄説に惑溺し……改進文明の元素は此国に入る可らざるなり。	一八八一年『時事小言』⑤
支那……東洋の老大朽木	一八八二年「日支韓三国の関係」⑧
支那人民の怯懦（きょうだ）卑屈は実に法外無類	一八八三年「支那人民の前途……」⑨
チャイニーズ……恰も乞食穢多	一八八三年　在米の息子二人への書簡⑰
文明国人と共に良餌を求めん	一八八三年「外交論」⑨
支那人……奴隷と為（な）るも、銭さへ得れば敢て憚（はばか）る所に非ず	一八八四年「西洋人と支那人と……」⑨
鶏豚牛羊見当り次第に掠（かす）め去られて、……支那兵の通る処は颶風（つむじ）の吹き凄（すさ）むが如く	一八九四年「漫言」⑭
彼の老大国も最早や老朽の極に達し	一八九四年「外国の勧告を拒絶して……」⑭
チャンチャン……皆殺しにするは造作もなきこと……銭に目のないチャンチャン	一八九四年「漫言」⑭

彼の無神経の老大国人	一八九四年「必ずしも北京の占領に限らず」⑭
清兵……豚尾児、臆病なり	一八九四年「平壌陥りたり」⑭
軍律なき軍隊は烏合の衆……乞食流民隊	一八九四年「支那の大なるは恐るるに……」⑭
豚尾兵と名くる一種の悪獣を狩立る	一八九五年「外戦始末論」⑮
支那……腐敗の中に棲息（せいそく）する其有様は、溝に孑孒（ぼうふら）の浮沈するが如し。	一八九五年「清朝の覆滅は日本の意に……」⑮
傲慢無礼の老大国……彼の頑陋政府……無神経の頑物	一八九五年「私の小義侠に酔ふて……」⑮
支那帝国を視るは恰も第二の朝鮮	一八九五年「平和談判の結局に就て」⑮
文明教育を以て支那の人民を度する（救う）の望は到底覚束なかる可し	一八九八年「支那分割今更驚くに足らず」⑯
支那人を文明開化に導くなんと云ふことは、コリャ真実無益な話だ。……百の李鴻章が出て来たって何にも出来はしない。	一八九八年『福翁自伝』⑦
支那兵の如き、恰も半死の病人にして、之と戦う……実は豚狩の積りにて	一九〇〇年「国の為めに戦死者に謝す」⑯

台湾に対する差別発言	出　典／丸数字は『福沢諭吉全集』（岩波書店）巻数
台湾の反民……烏合の草賊……無知蒙昧（もうまい）の蛮民	一八九五年「台湾永遠の方針」⑮
頑冥不霊は彼等の性質にして……殲滅（せんめつ）の外に手段なし	一八九六年「台湾善後の方針」⑮
未開の蛮民……無智頑迷の輩	一八九六年「先づ大方針を定む可し」⑮
土匪（どひ、土着の匪賊）の騒動……烏合の草賊輩	一八九八年「対清要求の理由」⑯

他者を支配するのは「人間最上の愉快」

軍事優先の「強兵富国」のアジア侵略路線を提示した『時事小言』の半年後、一八八二年三月の社説「圧制も亦愉快なる哉」において、福沢は、幕末の外遊時に目撃した「英人が東洋に来て威権を振ふ」様子が「彼の輩が……横行するは無人の里に在るが如し。」であった事実を紹介した。

そのことを想い出しながら福沢は、「圧制を悪《にく》むは人の性なりと云ふと雖ども、人の己れを圧制するを悪むのみ、己れ自から圧制を行ふは人間最上の愉快と云て可なり。」と書いて、他から圧制されるのは誰でも嫌だが、自分が他を圧制するのは「人間最上の愉快」という人間観を表明した後、「我輩の志願は此圧制を圧制して、独り圧制を世界中に専らにせんとするの一事に在るのみ。」という「血気の獣心自から禁ずること能はざりき」(『全集』⑧六六五〜六六七頁)と結んだ。

同じ一八八二年一二月の五日間にわたる連載社説「東洋の政略果して如何せん」においても福沢は、「我れより他を圧制するは甚だ愉快なり」という「血気の獣心」を想い出しながら、日本・中国・韓国の「三国」が連帯して「英国の士人が……権勢を専らにして」、「東方復た西人の鼾睡《かんすい》（いびきをかいて眠ること）を容るるなきこと」（西洋人が東洋を蹂躙することの阻止）を目指すのではなく、日本が抜け駆け的に「亜細亜の盟主たらんこと」を主張・要求した。

具体的には、日本が「国威を耀かして、印度、支那の土人等を御すること英人に倣《なら》ふのみならず、其英人をも窘《くるし》めて東洋の権柄《けんぺい》を我一手に握らん」ために、「日章の国旗以て東洋の全面を掩《おお》ふて、其旗風は遠く西洋諸国にまでも吹き及ぼすが如き」状態を目ざし、「亜細亜の東辺に一大新英国を出現する」ことを提案した。つまり福沢は、大英帝国に比肩する帝国主義強国建設の未来展望を描き出したのである。

その野望は「結局兵力に依頼せざる可らず」として、連載社説は、「軍備の拡張」を「焦眉《しょうび》の急」として要求した（『全集』⑧四二七〜四四三頁）。

だからそれから十数年後の日清戦争を迎えると、『時事新報』紙で軍事献金募集をするだけでなく、自身も全国第二位の巨額の軍事献金をし、「報国会」も組織し、「財産を挙げて之を擲《なげう》つは勿論、……人の種の尽きるまでも戦ふの覚悟」「世界に対して肩身を広くするの愉快さへあれば、内に如何なる不平不条理あるも之を論ずるに遑《いとま》あらず。」（『全集』

⑭五四五〜五四九頁）という激烈な連載社説「日本臣民の覚悟」を書き、旅順が陥落すると、慶應義塾の学生たちに東京の大通りを「文明野蛮は雪と炭……野蛮を懲らさん時きたる……」と歌いながらデモ行進をさせるなど、福沢諭吉は、戦争勝利のために熱狂した。

それだけに、日清戦争の勝利を手放しで喜びながらも、「大英帝国に比肩する帝国主義強国」建設というその壮大な未来展望の故に、晩年の『福翁自伝』において、「実を申せば日清戦争何《なん》でもない。唯是《ただこ》れ日本の外交の序開《じょびら》き」に過ぎないと戒めて、次の（日露）戦争への日本の道のりを指し示した。

そして、福沢死去の翌一九〇二年に彼自身が念願していた「日英同盟」が実現した事実は、福沢の帝国主義的進出の歴史展望の妥当性を示唆するとともに、彼が日本の近代史を文字通り先導したことを裏付ける事実であったと評価できよう。

同時代人による「脱亜論」批判

一八八五年「脱亜論」は、福沢が「甲申政変」の支援に失敗・落胆して書いた例外的なアジア認識という謬説がある（その説が「高嶋教科書訴訟」における文部省教科書検定官の「脱亜論」削除要求の理論的根拠にもなった）。しかし、「残刻不廉恥を極め」る朝鮮・中国が「数年を出でずして亡国」となるのは必然として、「脱亜」日本が「西洋の文明国と進退を共にし」て、両国の帝国主義的「分割」への参加を提言した「脱亜論」（『全集』⑩）の内容は、この時期の福沢にとっては、むしろ不動の国策となっていた。

そのことは、一八八二年の大英帝国比肩の大国への展望を披歴した社説の翌八三年の社説「外交論」でも福沢が、「食《は》むものは文明の国人にして食まるるものは不文の国とあれば、我日本国は其食む者の列に加はりて文明国人と共に良餌を求めん」（『全集』⑨）と、侵略こそが文明国の存在証明であると主張していた事実でも明らかである。

また、一八八四年一二月、明治「政府と福沢諭吉が一体となって金玉均らを扇動して」（山辺健太郎『日韓併合小史』岩波新書）やらせたクーデター「甲申政変」に武器弾薬まで提供・支援をした福沢は、「支那四百余州を蹂躙する」「御親征の挙断じて行ふ可き」という最強硬の武力行使論を展開したため、『時事新報』は発行停止処分を受けたほどである。

そのためアジア侵略を目ざす当時の福沢は、同時代人からは「法螺《ほら》を福沢、嘘を諭吉」（『日の出新聞』）、「朝鮮処分ニ関シテ、……徒《いたず》ラニ無鉄砲ノ大馬鹿論ヲ唱へ……」（『扶桑新誌』）と嘲られ、吉岡弘毅（元外務少丞《しょうじょう》）からは、「我日本帝国ヲシテ強盗国ニ変ゼシメント謀ル」

福沢の道のりは、「不可救ノ災禍ヲ将来ニ遺《のこ》サン事必セリ」という厳しい批判を受けていた。

私は、この吉岡弘毅の福沢先導の「強盗国」近代化路線批判と「不可救ノ災禍」必然の予言は、明治の同時代人による福沢主導の日本の近代化路線へのもっとも適切な批判であったと評価する。

植民地獲得は「世界人道の為」——「韓国併呑」も予告

福沢の一八八一年『時事小言』の「亜細亜東方の保護は我責任」の「首魁・盟主」発言は、「大東亜共栄圏」の「盟主」思想の先駆となり、八三年「徳教之説」の「我日本国士人の為に道徳の標準と為《な》す可きもの……尽忠報国」は、「暗い昭和」の近衛内閣の国民精神総動員運動の「挙国一致」「堅忍持久」と並ぶ三大スローガンの一つとなって甦《よみがえ》った。

また、八七年の社説「朝鮮は日本の藩屏《はんぺい》（垣根）」（『全集』⑪）において福沢は、「今日本島を守るに当りて、最近の防禦《ぼうぎょ》線を定むべきの地は必ず朝鮮地方」と主張したが、これは山県有朋首相の同様の議会演説「外交政略論」より三年も前の発言である。これもまた、「暗い昭和」の時代のキャッチフレーズとなった「満蒙は我国の生命線」発言（松岡洋右外相）

の先駆的な原型をなしている。

日清戦争勝利のために熱狂した福沢は、すでに旅順の占領も終わり、清国が講和全権の派遣を通告して戦争勝利の展望が見えていた一八九五年一月を迎えると、論説「朝鮮の改革に外国の意向を憚《はばか》る勿れ」において、

主権云々は純然たる独立国に対する議論にして、朝鮮の如き場合には適用す可らず。……今、日本の国力を以てすれば、朝鮮を併呑するが如きは甚だ容易にして、一挙手一投足の労に過ぎざれども、……我に利する所少なきが故に先づ之を見合せ、……

（『全集』⑮一二頁）


と主張した。これは「我に利する所」あれば朝鮮併呑もありうることを確実に示唆しており、生前の福沢が一九一〇年の韓国強制併合の可能性を予告したものと解釈できよう。

そのためにも、彼は一八九五年三月の論説「軍備拡張と外交」で、日本を「東洋は愚か世界に於ても屈指の軍国たらしむる」（『全集』⑮九一頁）大国主義的な軍備拡大を要求した。

日清戦争の中国の敗北を契機に、一八九八年、ロシアが大連・旅順、ドイツが膠州湾、

フランスが広州湾、英国が威海衛の租借権を獲得するなど、中国の半植民地化が進み、同年四月からの米西戦争で米国がフィリピン・グアム・プエルトリコを獲得するなど、世界は、文字通り帝国主義戦争と植民地獲得の時代を迎えた。

福沢は、一八九八年六月の論説「米西戦争及びフヰリッピン島の始末」において、米西戦争を日清戦争同様の「文明と野蛮との戦争」ととらえ、「米国の挙動は全く正義人道の精神に出でたるもの……、飽くまでも賛成する所」と表明し、フィリピンについては「彼の未開の土人輩に独立の力なきは云ふまでもなく、……是非とも米国の占領を希望する」と主張した。

つまり福沢は、帝国主義諸国による植民地獲得政策を「世界の平和の為め」「世界人道の為め」「文明平和の為め」の「非常の大功徳」（『全集』⑯四一三～四一五頁）と手放しで評価することによって、日清戦争に次ぐ日本のさらなるアジア侵略・植民地獲得の膨張主義への道を励ましたのである。

4　日本人に帝国「臣民」意識を植え付ける

「典型的な市民的自由主義」者の虚構

「天は人の上に人を造らず……」「一身独立」などの言葉によって、人権や平等を尊重する民主主義者としてのイメージが定着している福沢諭吉は、当然「大日本帝国憲法」に批判的で、とりわけ戦前日本人の精神的主柱となった「教育勅語」には、一貫して反対していたという主張が、長年、不動の学問的定説であった。

なぜなら、その前提として、丸山眞男が一九五二年の「福沢諭吉選集第四巻解題」論文(『丸山集』⑤二二四頁)で提起した、福沢の政治論が「典型的な市民的自由主義の政治観」という把握が、学問的定説として定着していたからである。

ところが、戦後日本の福沢研究に混迷をもたらしたその把握は、福沢政治論分析の基礎的な前提作業となる、福沢の「大日本帝国憲法」（一八八九年）評価も、「教育勅語」（九〇年）評価も考察しないまま、一八九〇年七月に福沢が書いた論説「安寧策《あんねいさく》」一篇の、それも一部の記述の作為的な引用によって創りだした、架空で杜撰な虚構の結論にすぎなかった。

勝手な結論にとどまらず、丸山は、「典型的な市民的自由主義の政治観」という自身の提起した結論に惑溺《わくでき》・呪縛《じゅばく》され、福沢が「一貫して排除したのはこうした（学問・教育・宗教等の）市民社会の領域への政治権力の進出ないし干渉であった。」「福沢の国権論が最高潮に達した場合でさえ、政治権力の対内的限界に関する彼の原則は少しも破られていないのである。」（『丸山集』⑤二一四〜二一六頁）と主張した。

また丸山は、一九四六年の記念碑論文で「教育勅語が発布されたことは、日本国家が倫理的実体として価値内容の独占的決定者たることの公然たる宣言」（「超国家主義の論理と心理」―『丸山集』③二一頁）であったと指摘しており、さらに一九九〇年の学士院報告において「教育勅語の発布に対して、一言半句も「時事新報」で論じておりません。」（九〇年「福沢諭吉の「脱亜論」とその周辺」―『丸山眞男手帖』⑳）という虚偽の報告までしたことが重なり、戦後日本の社会において〈福沢諭吉が「教育勅語」に賛成するはずがない〉という福沢諭吉（「丸山諭吉」）〝神話〟は、不動の定説・常識となっていた。

ところが、数多の〝神話〟を生み出す根源となった福沢＝「典型的な市民的自由主義」者というこの重大な結論は、丸山が、福沢の「安寧策」（『全集』⑫四五〇～四七〇頁）から、論説全体の論旨とは関係のない次の文章の、それも作為的な引用・分析によって導き出した虚構の結論であった。

（本来）一国の政府たるものは、兵馬の権柄《けんぺい》を握《にぎり》て和戦の機を制し、其議定したる法律を執行して国内の治安を保ち、万般の害悪を防《ふせぎ》て民利を保護するに止まり、或は一歩を進めて其民利の道を発達せしむるが為めに法を設くることなきに非ざれども、是とても唯その発達の妨《さまたげ》と為る可き害物を圧するのみ。即ち政府の事は都《すべ》て消極の妨害を専一として積極の興利に在らず

念のため、以下に現代語訳しよう。

一国の政府というものは、本来は、軍隊の編成・指揮の権能を持ち、戦争における開戦・和睦の決定権を持ち、制定した法律を執行して国内の治安を保ち、各種の害

悪（犯罪や災害）を防いで民間の利益を保護することにとどまるものである。時には進んで民間の利益を助長・発達させるための法律を設けることもあるが、その場合も政府は民間の利益の助長・発達を妨げる害となるものを抑えるだけである。すなわち、政府がなすことは、もっぱらすべて消極的な妨害に専念して、積極的に自分たちの利益を謀ることではない。

以上の文章を（ただし冒頭の「本来」は削除して）引用して丸山は、福沢の政治論を「政府の機能をどこまでも「妨害の妨害」に限定する典型的な市民的自由主義の政治観」を結論づけたのである。

なにが問題か。

まず、福沢の原文には、冒頭に「本来」という語句があって、以下は、近代国家のあり方にかかわる「タテマエ」の文章であることを（つまり、丸山が引用した文章は、福沢が「政府の機能をどこまでも「妨害の妨害」に限定する典型的な市民的自由主義の政治観」を主張するために書いた文章ではないことを）、かれは学者的良心と厳密性でもって断っていた。しかし丸山は、勝手にその冒頭の重要な語句「本来」を削除して、つまり明らかに学問的逸脱の作為的引用によって、当然ながら、誤った結論を出したのである。

しかも、直接引用した四行の福沢の文章には、「市民的自由主義」の用語はおろか、「市民」や「自由」という語彙自体もない文節である。一九四六年の記念碑論文の場合は、ヨーロッパ近代の「中性国家」の原理で「超国家主義」日本を批判した丸山であるが、「安寧策」分析の場合は、逆に福沢のヨーロッパ近代国家のタテマエを説明する文章の中の「政府……都て消極の妨害を専一」という表現に、「真理とか道徳とかの内容的価値……は個人の良心に委ね」るヨーロッパ近代の「中性国家」を天啓的に読み取って、「市民的自由主義の政治観」という解釈を勝手に読みこんだのである。

『全集』⑫の二〇頁にわたる長文の「安寧策」自体は、帝国議会開設を四カ月後に控えて、明治藩閥政府を「功臣政府」として積極的に擁護する立場（『全集』⑤『時事小言』一三二頁）にあった福沢が、「兎も角もして数年の間は政治上の劇変を避けて安寧を保存せざる可らず。」という主張を展開したものである。

そもそも福沢が「典型的な市民的自由主義」者であるどころか、基本的に「市民的自由主義」者などであり得ないないことは、彼には基本的にブルジョア民主主義の自由権の主張がなく、明治政府・権力の恣意的な自由権への制約・弾圧を、当然と容認・黙認していた事実によって、簡単に確認することが出来る。

例えば福沢は「信仰の自由」を「洋学者の空論」と嘲笑い、政府が「宗旨に立入り遠慮なく命令して可なり。」と主張した（『全集』⑤『時事小言』二二二頁）。また福沢には「言論・集会・結社・表現の自由」の原理は無縁の存在で、八七年一二月の「保安条例」によって、中江兆民、尾崎行雄、片岡健吉ら五七〇人の民権家が追放された時は、「政府の施政に妨となる者を遠ざけたるに過ぎず。」（『全集』⑪「今後を如何せん」四一六頁）と嘯《うそぶ》き、外国人の内地雑居推進のために福沢は、貝原益軒『女大学』を「発禁」にすることを大真面目に主張していた（「女大学の流毒」―『全集』⑯五〇八頁）。

日本人の「従順温良、卑屈、無気力」を賛美

英国の立憲君主制を早くに見限り、プロイセン流の外見的立憲君主制路線と憲法の欽定（天皇の命と意思による制定）にも賛成していた福沢は、大日本帝国憲法を「完全無欠」「議会に許すに充分の権利を以てしたる……完美なる憲法」「国民の権利を重んじ……文明の精神を籠《こ》め」た憲法などと、手放しで賛美した。

慶応義塾中退後、福沢の推薦で記者になった尾崎行雄は、『郵便報知新聞』において独逸「政府ハ専制ヲ以テ主義トナシ、鉄血ヲ以テ為政ノ要具ト為スノ政府也」と批判し、日本がそのプロイセン流の路線を踏襲することは、「鶏母《けいぼ》（ニワトリの母）鴨子《おうし》（カモの子）ヲ育シテ其水ニ入ルニ驚ク」（ニワトリの母が誤ってカモの子を育てて、生まれたわが子が水で泳ぐ姿に驚く）ことになると、適切な批判と警告を提示していた（西川長夫・松宮秀治編『幕末・明治期の国民国家形成と文化変容』新曜社、五六八頁）。

しかし福沢は、尾崎のプロイセン批判の主張を承知のうえで、社会主義者鎮圧法によって自由主義運動・革命運動の弾圧を強行している鉄血宰相のプロイセン流強権政治への支持・選択を一八八四年に表明した。だから、帝国憲法が発布され翌年の国会開設を迎えても、かつての自分同様に英国流の議員内閣制で「議場の多数を以て内閣の新陳代謝を催ほす」ものと未だに期待している論者を、福沢は、八九年四月の社説「国会準備の実手段」で「英政の想像論者」（国会が開設されると、当然英国流の議院内閣制になると予想している論者）と批判して反対した（『全集』⑫一〇五頁）。

その憲法発布直後の重要連載社説「日本国会縁起」において、長年の封建社会の歴史によって「先天の性」となった日本人の「従順温良、卑屈、無気力」の「順良」な性格・気質をむしろ「我日本国人の殊色《しゅしょく》」（『全集』⑫四五頁）と賛美し、（かつて『すすめ』では、同じ国民性を「柔順なること家に飼いたる痩犬の如し」と批判した）福沢は、この国民性に依拠することで、近代日本の資本主義的発展の道のりを楽観的に展望した。

「教育勅語」に「感泣」

既述した一九四六年の記念碑論文で「教育勅語が発布されたことは、日本国家が倫理的実体として価値内容の独占的決定者たることの公然たる宣言」であると丸山眞男が指摘し、同じ丸山の、福沢の政治論が「典型的な市民的自由主義」という把握が学問的定説であった時代の日本の読者の常識では、福沢が教育勅語に賛成するはずは、およそあり得なかった。

ところが福沢は、帝国憲法発布の翌一八九〇年一〇月の「教育ニ関スル勅語」の（天皇からの）「下賜《かし》（くだしたまわること）」を「誰か感泣せざるものあらんや」と歓迎し、学校教育による勅語の「仁義孝悌忠君愛国の精神」の貫徹を要求する社説「教育に関する勅語」を「下賜」六日後に石河幹明に書かせていた（三年前の社説ですでに福沢は、日本人の徳育の「標準」として「忠臣は孝子の門に出る」忠孝一体の「旧日本流の道徳主義」を要求していた。『全集』⑪「政略」)。

とりわけ、『すすめ』以来「国のためには財を失ふのみならず、一命をも抛《なげうち》て惜むに足ら」ない「報国の大義」の啓蒙に努めてきた福沢にとって、「教育勅語」が要の精神として、「一旦緩急《いったんかんきゅう》アレハ義勇《ばぎゆうこう》公ニ奉《ほう》シ以《じもっ》テ天壌無窮《てんじょうむきゅう》ノ皇運《こううん》ヲ扶翼《ふよく》スヘ《べ》シ」と規定したことは、福沢を喜ばせ安心させる事実であった。

続く翌一八九一年の内村鑑三の「教育勅語」拝礼忌避事件を契機とする思想史的大事件の「教育と宗教の衝突」大論争事件と、翌々年の久米邦武「神道は祭天の古俗」論文事件をめぐる論争、つまり近代日本黎明期の「思想、良心、信教の自由」「学問の自由」の弾圧・蹂躙という深刻な事態に、『時事新報』論説主幹・福沢諭吉は、完全沈黙を通すことによって、日本におけるキリスト教の決定的な退潮と神権天皇制の確立に大きく寄与した。

「戦場に斃《たお》るるの幸福なるを感ぜしめ……」——福沢の靖国神社構想

『帝室論』(一八八二年)においてすでに福沢は、日本の軍人が「帝室(大元帥陛下)の為に進退し、帝室の為に生死するものなりと覚悟を定めて、始めて戦陣に向て一命をも致す可きのみ。」（『帝室論』『全集』⑤二六九頁）と書いていた。

日清戦争を迎えた福沢は、天皇のための戦死と挙国一致の戦争協力を呼びかける激烈な論説「日本臣民の覚悟」を書いた。論説では「我国……四千万の者は同心協力してあらん限りの忠義を尽くし、……財産を挙げて之を擲《なげう》つは勿論、老少の別なく切死して人の種の尽きるまで戦ふの覚悟」を呼びかけ、「内に如何なる不平不条理あるも之を論ずるに遑《いとま》あらず」（『全集』⑭五四五〜五四九頁）と主張した。

したがって、日本の軍人について福沢はひき続き、

三軍の将士は皆御馬前に討死の覚悟を以て復た身命を顧みるに遑《いとま》あらず。

（一八九四年「大本営と行在所《あんざいしょ》」、『全集』⑭）

一日も早く叡慮《えいりょ》（天皇の考え）を安んじ聖体を安んじ奉らんとの精神……此精神たるや実に我万里の長城（同右）

などと、繰り返し「忠君ナショナリズム」を鼓吹した。

日清戦争の勝利を迎えるとさらに福沢は、社説「戦死者の大祭典を挙行す可し」を書いて、「再び干戈《かんか》（戦争）の動くを視るに至らば、何物に依頼して国を衛《まも》る可きか。」と読者に問いかけ、次の戦争に備えて、日本軍兵士が「以て戦場に斃《たお》るるの幸福なるを感ぜしめ」るために「大元帥陛下自から祭主と為らせ給」う靖国神社の軍国主義的利用の大祭典の開催（『全集』⑮三二一〜三二二頁）を呼びかけた。

「圧制の長上《ちょうじょう》に卑屈の軍人」の皇軍構想と帝国「臣民」像

纐纈厚《こうけつあつし》『侵略戦争』（ちくま新書）によると、天皇制の軍隊（皇軍）が賦役そのものの徴兵制軍隊であったために、（戦闘中における）個々の兵士の自発性や積極性に依拠することができず、日本の軍隊が無条件的な絶対服従を強いる組織となったことが、兵士を無差別の暴力や残虐行為（日清戦争中の旅順虐殺事件、朝鮮王妃殺害、雲林虐殺事件。日中戦争中の南京大虐殺事件など）へと駆り立てる原因になったという。

「具眼の識者」福沢の軍制にかんする唯一の著書『兵論』（一八八二年）は、この日本軍の限界と特質をよく見抜き、それに相応しい皇軍構想を提起していた。近代国民軍における兵士の自発性や戦闘意欲は、本来所属する国家の政治・社会制度のあり方とつながっており、「兵を強くして国を護るは民心の一致に在り、……国民……自から護国の念を発するに非ざれば不可なり、……専制政府の下に強兵なし」という正論を紹介し、「百年の経世上より観察を下だすときは、此理論も亦甚だ然《しか》りと雖ども」という重要な認識をもちながら、一転して「権道」論者福沢は、「軍国兵馬……其強弱は、軍人の多寡《たか》と、兵器の精粗と、隊伍編制の巧拙と、国財資本の厚薄《こうぼ》とに在て存するのみ。」と主張し、先の正論を「所謂腐儒《いわゆるふじゅ》の理論」と決めつけた。

結論として福沢は、

圧制政府の兵士よく戦ふのみならず、元来兵の性質は厳令に束縛せられて恩威に服従するものなれば、圧制の長上（絶対権限をもった上官）に卑屈の軍人を付して却てよく功を奏する（『全集』⑤三〇七～三〇八頁）

という皇軍構想を選択した（これが同年に制定された「軍人勅諭」の「上官ノ命ヲ承《うけたまわ》ルコト、

実ハ直《ただち》ニ朕《ちん》カ命ヲ承ル義」という絶対服命の軍隊構想と同じであることは明らか)。

私がこの問題にこだわるのは、この皇軍構想が日本軍兵士の無差別の暴力や残虐行為への心理的誘因となっただけでなく、福沢が「軍人勅諭」に同調して、いかなる非合理な命令にも絶対服従する愚昧《ぐまい》の「皇軍」兵士像を彫像した事実と、戦後日本社会における国民の戦争責任意識の絶望的な希薄さという(戦後民主主義の最大の)問題とのつながりを考えるからである。

軍人勅諭と福沢の皇軍構想のもとでは、兵士の自発性や責任意識は、はなから期待されておらず、皇軍兵士は、(ある意味で、もともと)戦争責任を問われる立場には置かれていなかったのである。日本の戦争関係者を中心として、戦後日本の社会に(アメリカ占領軍による天皇裕仁の戦争責任の免責という決定的な条件に加えて)戦争(戦後)責任意識・植民地支配責任意識が絶望的なまでに育たなかった有力な原因が、軍人勅諭と福沢の皇軍構想そのものの中にあったのではないか、と私は考えるのである。

あわせて、「従順温良、卑屈、無気力」の国民性を日本人の「殊色」と評価した福沢は、従順と献身没我を説いた「教育勅語」の臣民像こそが、農村の高率小作料と都市の工場の低賃金・長時間労働に耐え、帝国主義的軍事行動にも欣然と参加するものと予測した。

また、アジア侵略を先導した福沢は、日本を「亜細亜東方」の「盟主」に位置づけ、天皇＝国家の前では無限に小さくなって「死は鴻毛《こうもう》よりも軽《かろ》しと覚悟」（「軍人勅諭」）させられた皇軍兵士と臣民意識を持つ日本の国民が、その埋め合わせとして、アジアの民衆の前には、尊大な大国意識を持った排外主義的な帝国「臣民」として立ち居振舞うように励ましたのである。

このように、福沢の把握した日本の近代人間（＝男性）像が、「一身独立」どころか、自分の足だけでは立ち得ない（奴隷的な）臣民像であったからこそ、彼は、そのパートナーとしての女性については、「温和良淑」や「柔順」の「美徳」をもって、この日本人「男性を助けて居家処世の務に当」たる家父長制的な性別役割分業の女性（家内）をこそ、さらに戦場においては日本軍性奴隷とされたアジアの女性たちを、近代日本社会の「期待される女性像」として措定《そてい》したのである。つまり福沢は「一生市民的な男女平等のためにふんとうした。」（井上清『日本女性史』）のではなく、かれはまさに天皇制下の帝国臣民男女の「和合」とアジア女性の収奪・蹂躙のために、生涯、奮闘したのである。

福沢が創り上げた皇軍兵士——近藤一《はじめ》の場合

結びとして、日本の近代化の道のり総体の「お師匠様」福沢諭吉が創り上げた帝国臣民にして皇軍兵士であった近藤一の人物像を紹介しよう。

帝国臣民にして「暗い昭和」の時代の皇軍兵士となった近藤一（一九二〇年～）は、中国戦線において中国人女性を強姦するなどの戦争犯罪を犯し（その自身の戦争犯罪を法廷で告白した最初の兵士）、転戦した沖縄戦では「捨てられた兵士」としての地獄の戦場体験をし、戦後は「不戦兵士の会」の会員に再生して、天皇の戦争責任の追及をはじめ、反戦平和のための貴重な戦場体験証言を重ねてきた。

そのため、彼一人の戦場体験をめぐって、内海愛子ほか『ある日本兵の二つの戦場』（二〇〇五年、社会評論社）、青木茂『日本軍兵士・近藤一』（二〇〇六年、風媒社）、宮城道良『最前線兵士が見た「中国戦線・沖縄戦の実相」』（二〇一一年、学習の友社）という三冊もの著書が出されている。その近藤らとともに「不戦兵士の会」東海支部を立ち上げた私自身も、差別の視座と戦争責任意識を踏まえた近藤の貴重な戦争体験証言は、日本軍兵士の数多の戦場体験証言中、群を抜いた水準のものと評価している。

その近藤証言の確かさの第一は、「国体護持の捨石作戦」の沖縄戦の「捨てられた兵士」としての地獄の被害証言とともに、中国戦線での日本侵略軍兵士の「東洋鬼《トンヤンクイ》」と呼ばれた加害体験を克明に語った証言である。

第二に、日本軍一般の加害証言でなく、自分の所属部隊と近藤自身の具体的な戦争犯罪についてのリアルな告白証言である。
①二〇〇三年の東京高裁での中国人女性強姦の涙の告白証言。
②討伐のたびに民家の金品を奪い、集団強姦を繰り返していた近藤の所属部隊の一九四一年の討伐では、赤ちゃん連れの女性を集団強姦した後も、その女性を丸裸のまま連れて行軍し、山岳地帯の休憩時に古年兵の一人が二、三〇メートルの絶壁からポイッと赤ん坊を投げ捨てたために、中国人女性もあとを追って崖から飛び降り自殺した事件。
③②は近藤が輪姦に参加できない初年兵時代の体験であるが、①以外の彼自身の犯罪として、中国人男性約十名を捕えてきた部隊が、中国共産党「八路軍」の所在について尋問した後、彼らの殺害方法を相談した際、近藤は約十人の「中国人をぴったり並べて、三八式歩兵銃が何人貫通するか試してみよう」と提案。「二名貫通して三人目で弾が止まっ

た」あと、残りの兵士とともに「隣の豚の飼育場に放り込んで全員殺しました」とのことで、「当時は、中国人を殺したり強姦することに罪の意識も何も感じないようになっていました。」と証言。

第三は、近年の日本がふたたび戦争国家に向かおうとしている原因を、近藤は「一番の根元は昭和天皇の戦争責任の不問」との告発を筆頭として、戦後日本の社会が戦争責任と真剣に向き合って来なかったことの帰結に求めている。

第四は、自分が罪の意識なしに中国人を平気で殺せる「東洋鬼」になぜ仕立て上げられたかについて、以下のように貴重な証言をしている。

近藤は、中国戦線における初年兵教育として日常茶飯に行われた、生きた中国人への刺殺訓練の生々しい体験や軍隊内の差別構造について具体的に証言しているだけでなく、「小学校の時から中国人はチャンコロで豚以下だという教育を受けていましたから、相手が人間だという感情をもたされないようになっていた」と語り、日本人のこうした中国人への差別意識が「戦争を起す元なんですね。」と証言している。

その中国人への近藤の差別意識は、まるで福沢諭吉から直接口伝えされたかのように、「暗い昭和」期の日本軍兵士に、福沢のアジア蔑視観は見事に継承されていた。

例えば――

福沢「チャンチャン……皆殺しにするは造作もなきこと」「支那兵の如き……豚狩の積り」

↓↓近藤「中国人はチャンコロで豚以下」

福沢「朝鮮国……国に非ず」「支那帝国……第二の朝鮮」

↓↓近藤「中国人は、自分の国も治めることの出来ない劣等民族」

福沢「北京中の金銀財宝を掻《か》き浚《さら》へて……チャンチャンの着替えまで引《ひ》っ剥《ぱい》で持帰ることこそ願はしけれ。」

↓↓近藤「討伐のたびに兵隊が民家の金品を奪い……」

家永三郎『太平洋戦争』(岩波書店、一九六八年)は、日本の民衆がかつて侵略戦争を阻止できなかった重要な要因として、「隣接アジア諸民族に対する日本人のいわれのない侮蔑意識」を挙げている。福沢は、そのアジア蔑視の「帝国意識」を近代日本人の「心性」になるまでに仕上げる役割を果たした。

日本の近代化の道のり総体の「お師匠様」

以上、初期啓蒙期福沢の『学問のすすめ』＝『文明論之概略』が敷設した「天賦国権、国賦人権」の「明るくない明治」の「強兵富国」の日本の（「強盗国」）近代化路線が、明治の同時代人・吉岡弘毅らが懸念・予告していた通り、「不可救ノ災禍ヲ将来ニ遺《のこ》サン事必セリ」の「暗い昭和」へとつながった道のりを、福沢自身の思想の推移に即して素描してみた。

福沢は晩年（一八九七年）の社説「勲章などは御免」において、「王政維新の前後に日本国中の人が専ら老生の著訳書ばかりを読んで文明の新知識を得たるは紛《まぎれ》もなき事実にして、或は維新政府の新施設も拙著の書を根拠にして発表したるもの多く、暗に政府のお師匠様たりしことは、故老の今に忘れざる所なり。」（『全集』⑳四一四頁）と書いて、自分が明治「政府のお師匠様」であったことを自負・自称していた。

同年末刊行の『福沢全集緒言』の冒頭でも福沢は、「開国四十年」来の維新変革に果たした自分の「著訳書」の大きな役割について言及していた（『全集』①三頁）。自分が明治「政府のお師匠様」だったという彼の自負は誇張でも『緒言』に書いた「放言」(同右)でもなく、とりあえず妥当な自己認識と評価する。

しかし私は以上の評価にとどまらず、福沢は、本人が自負・自称していた明治「政府のお師匠様」ではなく、もっとより大きな存在であり、「明るくない明治」から「暗い昭和」につながる、否定的な意味における日本の近代化の道のり総体の「お師匠様」であったと把握する。

アジア侵略路線を提起した『時事小言』の半年後の論稿「朝鮮の交際を論ず」(『全集』⑧、一八八二年)で、「文明」に誘導するという名目で朝鮮への武力行使を合理化した福沢は、同稿で早くも「亜細亜東方に於て此の首魁《しゅかい》盟主に任ずる者は我日本なり……我既に盟主たり」と、アジアの「盟主」宣言を行っていた。

また、三年後の「脱亜論」が福沢の「脱亜入欧」路線宣言であることは、常識的で定説的な理解である。さらに福沢の無限の上昇志向は、一八八二年の論稿「東洋の政略果して如何せん」(『全集』⑧)における大英帝国に比肩する帝国主義強国建設の未来展望として描かれていた。

つまり、大沼保昭がアジア太平洋戦争を「アジアの盟主として欧米列強と肩を並べようという、脱亜入欧信仰に基づく無限上昇志向のたゆみない歩みの一環であり、近代日本の軌跡の行きつくところであった」(『思想』第七一九号)と位置付ける日本近代史の道のりにおいて、福沢諭吉こそが「近代日本の軌跡の行きつくところ」の「暗い昭和」期への道案内者であった。

一八六八年明治新政府「国威宣揚」宣言→蝦夷地併合→征韓論議→七四年台湾出兵→七五年江華島事件→七九年沖縄「琉球処分」→八二年壬午軍乱→八四年甲申政変→九四年日清戦争→一九〇〇年北清「事変」→一九〇四年日露戦争→一四年第一次世界大戦→一八年シベリア出兵→三一年アジア太平洋戦争→四五年敗戦という、侵略と植民地支配の戦争に明け暮れた日本近代史の道のり総体を視野に入れて、私は、「明るくない明治」から「暗い昭和」への道のりを、次のようにつなげたい。

近代日本の「暗い昭和」への道のりは、初期啓蒙期から福沢が先導した「自国の独立」確保最優先と、「お上」と仰ぐ国家への絶対服従・遵法を説いた『文明論之概略』＝『学問のすゝめ』が敷設した「天賦国権、国賦人権」・軍事優先の「強兵富国」の「強盗国」近代化路線以来の「権道」日本の歩みの強化にすぎなかった。

その近代史の道のりにおいて、福沢は一八七四年の台湾出兵以来、一九〇〇年の北清「事変」の二万二〇〇〇名の最多出兵（その出兵を同年の社説「国の為めに戦死者に謝す」で、「世界に対し日本国の重きをなしたるもの」〈『全集』⑯六二二頁〉と書いた福沢は、日本の帝国主義列強への仲間入りを喜んだ）にいたるまでの、日本のアジア侵略の歩みを積極的に支持・先導した。

戦後民主主義の日本の社会において、この「明るくない明治」から「暗い昭和」への日本の近代化の「権道」の道のり総体を見えなくさせた出発点、つまり福沢研究の最初の躓《つまず》きの石が、福沢研究史上最大の誤読箇所となった「丸山諭吉」神話による『学問のすすめ』第三編「一身独立して一国独立する」の解釈であった。戦後日本人の近代史認識を歪曲した研究者の社会的責任は、あまりに重いと言えよう。

三国連太郎(佐藤政雄)　　44.86.92.93
三島　利徳　　45.93
水田　珠枝　　125
水田　　洋　　67.125.164
ミッチャーリッヒ夫妻　　74
美濃部達吉　　70.77
宮城　道良　　254
宮田　光雄　　94
宮本百合子　　146
ムッソリーニ　55.105
むのたけじ　　56
村本　一生　　90
文在寅(ムン・ジェイン)大統領　　14
明 治 天 皇　　228
本島　　等　　136
本山(政雄)革新市政　　110
森村　誠一　　113

【　や　行　】

矢内原忠雄　　74
柳田　節子　　120.121
山県　有朋　　237
矢部　喜好　　89
山田多賀市　　45.93
山辺健太郎　　236
山本　太郎　　130
湯浅　　謙　　126.127
吉岡　弘毅　　74.168.236.237.258
吉田　松陰　　168.169
吉田　　裕　　64
吉野　作造　　74.172

【　ら　行　】

リー・クアンユー　　14
李　鴻　章　　232
柳　　宗悦　　74
ルイ・アラゴン　　122.145
ロ　ダ　ン　　153

【　わ　行　】

渡辺　厚子　　157
渡辺かよ子　　124
渡辺　　清　　54.79
渡辺　久丸　　91
渡部　良三　　63.71.72.80.81
和田　　稔　　70
和辻　哲郎　　68

人名索引

司馬遼太郎　26.33
J.J. ルソー　125
白井　聡　130.132.133
周 恩 来　125
昭和天皇(天皇裕仁)　55-57.102-109.114.128.130.133.137.252.256
ジョン・ダワー　129.144
ジョン・レノン　96
シルバーマン　147
神武天皇　228
杉本(良吉)判決　144.158.159
鈴木　範久　89

【た行】
醍醐　聰　130.133
高嶋　伸欣　235
高野　邦夫　61
高橋誠一郎　34
高峰　秀子　145
滝川　幸辰　77.78
田口　卯吉　153
竹本　源治　136
田中　正造　130
田中惣五郎　171
田辺　元　68
張承志(チョウ・ショウシ)　15.168-171.229
壺井　栄　146
都留　重人　67.78
東郷平八郎　169.170
東条英機首相　105
遠山　茂樹　165
徳富　蘇峰　152
富永　正三　63
トルーマン　105

【な行】
中江　兆民　194.245
中曽根康弘　105.135
仲田　陽一　75
なかにし礼　7.8.10.11.69.121
中野　敏男　47
中村　徳郎　70
難波　孝一　158.159
西川　長夫　246
野田　正彰　126
野中広務(官房長官)　142

【は行】
バートランド・ラッセル　89
朴槿恵(パク・クネ)大統領　13
服部　之総　165
鳩山　一郎　77.78
羽仁　五郎　165
パフ少佐　91
林(基)君　43
林　克也　67
半藤　一利　11
東久邇宮内閣　116
ヒトラー　86.105
平岡　敬　11
平沼　赳夫　141
福岡　陽子　160
藤岡　明義　67
藤沢　和恵　75
藤本　治　81
ヘレン・ケラー　17
辺見　庸　17.18
保阪　正康　171.172
細川護熙(首相)　56.118

【ま行】
松浦　勉　124
松岡　洋右　237
松永　茂雄　70
松宮　秀治　246
マルクス　61.66.67.75.77.83.124.125.193
丸山　幹治　46
三浦(堀田)綾子　56
三浦　忠治　90

人 名 索 引

【 あ 行 】
愛敬　浩二　23
教　頭　24
アイヒマン　140.147-149.152.161
青木　　茂　254
明石　眞人　90
青山　邦夫　91
明仁天皇　130
安倍晋三首相(安倍内閣)　10.12.14-18.109.121.131.132.155.159.266
荒井　明夫　75
家永　三郎　43.44.48.49.70.77.144.158.165.186.257
五百旗頭真(いおきべまこと)　107
五十嵐　顕　60-68.73-76.79-83.123.131
石川　達三　126.161
石河　幹明　247
石原慎太郎　143
石橋　湛山　74
板垣　雄三　171
伊丹　万作　54
市川ひろみ　91
伊藤　正雄　164
井上　　清　253
井上哲次郎　152
伊吹　文明　155
色川　大吉　87
植木　枝盛　164.178
内田　　樹　129-133
内田　雅敏　23
内村　鑑三　152.161.248
内海　愛子　254
梅村　　担　15.168
梅本　克己　174
エーレン・ワタダ　91
大内　　力　67
大石(久子)先生　145.146.195
大久保利通　165
尾崎　行雄　245.246
太田　昌国　12.13
小田切秀雄　67.86
大沼　保昭　259
オノ・ヨーコ　96
小渕恵三首相　142

【 か 行 】
片岡　健吉　245
加藤　周一　135.142
加藤　弘之　152
神島　二郎　106
雁屋　　哲　130-132.265
河上　　肇　193.195
川口　重雄　23
姜徳相(カン・ドクサン)　47
岸　　信介　13
北御門二郎　44.92.93
木戸　幸一　104.130.133
木下　恵介　145
木畑　洋一　51
金玉均(キム・オクキュン)　175.236
金学順(キム・ハクスン)　117
木村　駿吉　152
木村　久夫　54.63.65-68.73.74.79.80
久米　邦武　152.153.248
コール首相　145
権赫泰(クオン・ヒョクテ)　46.49.52
陸　　羯南　49.58
纐纈　　厚　250
小熊　英二　23
近衛文麿内閣　237
小松　茂夫　84.85.87.106.195
近藤　　一　254-257

【 さ 行 】
作間　忠雄　118-121
桜井よしこ　141
佐々木八郎　70
佐藤　　昇　174
佐貫　　浩　82
澤地　久枝　44.93

あとがき

二〇〇〇年の『福沢諭吉のアジア認識』から一六年の『福沢諭吉と丸山眞男』の増補改訂版まで、高文研から四冊もの福沢諭吉研究の著書を自由に書かせていただいた。

その件に関して、高文研元代表の梅田正己さんに、「私自身、編集者でありながら、読者の視点を置き去りにしていたのかも知れない、安川先生に拒否されたとしても、もっと一般読者の側に身を寄せなくてはいけなかったのかも知れない」と書かれた(『さようなら！福沢諭吉』創刊号)。

「たしかに私の研究は、丸山眞男を筆頭とする先行の福沢研究の壮大な誤謬を学問的に論証することに必死で、その成果を読者にわかりやすく伝える努力という点では、明らかに不備であった」という反省と悔いを書いた(同右)。

今回は、梅田正己さんに代わって、シドニー在住の『美味しんぼ』原作者・雁屋哲の福沢諭吉研究の紹介をはじめ、福沢研究の貴重な情報をおりおりに紹介いただいた真鍋かおるさんにお世話をいただいた。最初の原稿『戦後民主主義は虚妄であった—その確認から出直そう』をお届けして、いきなり書名への違和感と原稿の半分近い四割余の削除を依頼された。とりわけ、本書第Ⅱ章第3節として執筆した「日本の戦争責任・植民地支配責任と「日本軍性奴隷」問題」の全面削除の依頼は、ショックであった。

ただし、初体験であるが、原稿については文字通り精読いただいて、丁寧なコメントと多くの有益な注文をいただき、お陰で私の著書としては大幅に読みやすくなったのでは、と期待している。

書名についてのやり取りは二転三転して、私から『戦後民主主義を問い直す—丸山眞男と福沢諭吉が紡いだ近代日本』という妥協案を出したが折り合えず、結局、真鍋さんの出した第三次案に落ち着いた。これが読者の側に身を寄せた書名として、ひろく受け入れられることを期待したい。

二〇一九年四月以来の安倍内閣の新元号狂騒曲と「新紙幣」の五年くり上げ発表について、機関誌『さようなら！　福沢諭吉』を主宰している者として、見解の表明を迫られた。

二〇一九年七月刊の機関誌第七号の巻頭論文で、その課題にお応えした（会員外の希望者には、fax = 052-783-2291 をいただければ、機関誌を贈呈します）。

二〇年近い長きにわたってお世話になった高文研に、あらためてお礼申し上げたい。

二〇一九年六月

安川　寿之輔

安川 寿之輔（やすかわ・じゅのすけ）
1935年、兵庫県に生まれる。64年、名古屋大学大学院教育学研究科博士課程修了。近代日本社会（教育）思想史専攻。宮城教育大学、埼玉大学教育学部、名古屋大学教養部・情報文化学部に勤務。98年、定年退職し、わだつみ会、不戦兵士・市民の会などの市民運動に参加。
現在、名古屋大学名誉教授、教育学博士、不戦兵士・市民の会副代表理事。
著書：『福沢諭吉のアジア認識』『福沢諭吉と丸山眞男』『福沢諭吉の戦争論と天皇制論』『福沢諭吉の教育論と女性論』（いずれも高文研）『増補・日本近代教育の思想構造』（新評論）『十五年戦争と教育』（新日本出版社）『女性差別はなぜ存続するのか』『日本の近代化と戦争責任』『日本近代教育と差別（編著）』（いずれも明石書店）『大学教育の革新と実践』（新評論）など。

日本人はなぜ「お上《かみ》」に弱いのか

●二〇一九年 八 月一五日——————第一刷発行

著　者／安川 寿之輔

発行所／株式会社 高文研
東京都千代田区神田猿楽町二—一—八
三恵ビル（〒一〇一—〇〇六四）
電話０３＝３２９５＝３４１５
http://www.koubunken.co.jp

印刷・製本／シナノ印刷株式会社

ISBN978-4-87498-694-3 C0010